Een levensregel voor beginners

WIL DERKSE

Een levensregel voor beginners

Benedictijnse spiritualiteit voor het dagelijkse leven

LANNOO

Voor Paul (†),
die zonder het te beseffen
door en door benedictijns leefde en werkte

voor Geert,
met wie ik zo graag Psalm 133 zing
en jaarlijks in de refter glimlach om hoofdstuk 69
van de Regel

voor Marian, kleine abdis,
die zo betrokken heeft meegelezen

www.lannoo.com

Tweeëndertigste druk
Omslagontwerp Studio Lannoo

D/2009/45/142 – ISBN 978 90 209 4184 5 – NUR 705

INHOUD

TER INLEIDING

Een van de zegeningen van christelijk leven is zijn bonte veelheid van spiritualiteiten: ignatiaans, franciscaans, augustijns, dominicaans, salesiaans, die van Taizé, de carmelitaanse van Teresa van Avilla en Johannes van het Kruis, benedictijns, cisterciënzer en nog veel meer. Deze spiritualiteiten verschillen aanzienlijk, zowel in theologisch als in praktisch opzicht. Maar er zijn ook belangrijke overeenkomsten. Ze zijn alle verbonden met een stichter of stichteres – zoals vaak al uit hun namen blijkt. Het zijn *personen* die aan hun wieg staan, en niet zozeer theorieën en concepten. Personen die extra talent hadden om aandachtig te luisteren naar de Geest en daar ook van harte en daadwerkelijk antwoord aan gaven. Alle proberen ze deze *Spirit* te incarneren in een *levensstijl*. En alle zijn ze gericht op *Christus* als hun centrum. En deze gecentraliseerde pluraliteit is nou typisch en letterlijk *katholiek* (van het Grieks: *kat'holon*), of om het wat moderner te zeggen: *alle neuzen wijzen heel verschillend dezelfde kant op*.

Te midden van deze bonte veelheid aan spiritualiteiten is de benedictijnse een van de oudste. Benedictus schreef zijn *Regel voor monniken* in de eerste helft van de zesde eeuw. En toch blijk dit 'handboekje voor kwaliteitsmanagement' – om weer een hedendaags woord te gebruiken – geschikt te zijn om ook nu nog duizenden monialen en monniken en minstens zoveel leken een oriëntatie in hun leven te bieden. Overigens, Benedictus was zelf een leek, geen gewijd clericus, en de rond hem gegroeide gemeenschappen bestonden grotendeels uit leken. Zijn *Regel* bevat zelfs twee nogal voorzichtige, om niet te zeggen afhoudende hoofdstukken over eventuele priesters die lid van de communiteit willen worden, en over monniken die ter wille van de communiteit tot diaken of priester worden gewijd.

Binnen de christelijke spiritualiteiten is de benedictijnse mogelijk de minst spectaculaire. Ze is heel *down to earth*, niet dramatisch, met een heel bescheiden mate van spirituele begeleiding, niet gericht op 'interessante' verlichtingservaringen en vurige bekeringsmomenten. De enige verlichtingservaring die bij haar past, wordt mooi uitgedrukt in een zenspreuk: 'Vóór de verlichting: hout hakken en water putten; ná de verlichting: hout hakken en water putten.' Het gaat erom *hetzelfde anders* te doen, niet om naar heel nieuwe en andere inzichten of mystieke ervaringen op te klimmen.

De benedictijnse spiritualiteit heeft dan ook de grootst mogelijke afstand tot bijvoorbeeld de spirituele avonturen in James Redfields *De Celestijnse Belofte*. Ze is stevig geworteld en niet bij elkaar geveegd uit allerlei spirituele tradities; ze heeft geen haast; ze heeft werkelijk niets geheimzinnigs en esoterisch; ze is niet gericht op de mystieke queeste van het individu, maar op de groei van de persoon levend en ingebed in een gemeenschap, met zijn alledaagse en vaak heel 'wereldse' bezigheden. Het is veelzeggend dat *het* centrale beginsel van de benedictijnse spiritualiteit – en dat is niet het vaak genoemde *ora et labora*, dat als zodanig niet in de *Regel* te vinden is en dat zelfs wat misleidend is omdat het een dualisme suggereert, terwijl benedictijns leven een 'leven uit één stuk' wil zijn – te vinden is in een van de meest wereldse hoofdstukken van de *Regel*, dat over de handwerkslieden van het klooster. Hun producten moeten iets lager geprijsd zijn dan in 'de wereld', niet vanwege valse concurrentie, maar om de ondeugd van de hebzucht geen kans te geven. Er is ook een positieve reden: de sympathieke prijsstelling is er 'opdat God in alles worde verheerlijkt – *ut in omnibus Deus glorificetur*'. Dit is benedictijnse spiritualiteit in een notendop: dat *alles* een kans biedt Gods lof te bezingen – ook de context van kopen en verkopen; dat *elke* activiteit *geheiligd* kan worden. In de meest letterlijke zin is benedictijnse spiritualiteit een *holistische* of beter: heelmakende spiritualiteit.

Dit boek is niet een inleiding in de benedictijnse spiritualiteit. Dat hebben anderen al gedaan, en met betere papieren, want van binnenuit, levend als monnik en moniale.[1] Ik heb dankbaar uit deze bronnen geput. Wat ik wil proberen is om aan te geven hoe elementen uit deze spiritualiteit en de daarmee verbonden levensstijl ook buiten de kloostermuren heel vruchtbaar kunnen zijn voor een versterking van de kwaliteit van samenleven en samenwerken.

Want op allerlei niveaus en binnen heel uiteenlopende verbanden dragen we verantwoordelijkheid voor samenleven en samenwerken – zoals de abt en anderen dat in een abdij doen: als (groot)ouder, leraar, bestuurder, trainer, journalist, pastor, vakbondsleider, bisschop of hoe dan ook. Ik heb ervaren dat de benedictijnse spiritualiteit een ware *Fundgrube* is van oude en toch steeds nieuw te incarneren inzichten betreffende goed leiderschap, verstandige besluitvorming, vruchtbare communicatie, goed *human resource management*, een heilzame omgang met conflicten, een zorgvuldige omgang met je spullen, een gezegende en ruimte gevende levensstijl. Daarbij is het aantrekkelijk dat de benedictijnse spiritualiteit zich zo uitgesproken richt op wat ons hier en nu, op dit moment te doen staat. Ze is niet gericht op verre en hoge idealen, alleen te bereiken door spirituele grootmeesters. Het heilige is voor haar het gewone; haar ascese is niet gericht op verheven ervaringen, maar op de alledaagse toewijding aan kwaliteitsverbetering.

Als deze elementen wat kunnen bijdragen aan een gezegend samenleven en samenwerken in een meer seculiere context, dan kan dat geen kwaad. Een vertaling naar deze context zal dan nodig zijn. Wanneer je medewerkers op de afdeling voorhoudt dat al hun activiteiten evenzoveel kansen zijn om God te prijzen en dat zelfs hun geringste handelingen sacramenteel en heiligend kunnen zijn, dan zullen ze je in het gunstigste geval onbegrijpend en een beetje bezorgd aankijken, en je in het ongunstigste geval door de bedrijfsgezondheidsdienst laten afvoeren. Wanneer je ze voorhoudt dat zelfs de kleinste schakeltjes in de bedrijfsvoering van de afdeling – tot de houding bij het opnemen van de telefoon toe – evenzoveel kansen zijn voor een kwaliteitsimpuls(je), onder het motto *anything worth doing is worth doing well*, dan zou deze aansporing onderdeel kunnen zijn van een te verwezenlijken plan voor *total quality management*. Maar deze nu populaire term uit het managementjargon is in zekere zin gewoon de hedendaagse pendant van het *ut in omnibus Deus glorificetur*.

Nu kan natuurlijk de vraag gesteld worden of beginselen die geput worden uit een door en door gelovige context zomaar getransporteerd kunnen worden naar verbanden van samenleven en samenwerken die geen rechtstreekse religieuze binding hebben en die (groten)deels bevolkt worden door mensen die 'niet geloven' – wat ik trouwens van niemand zou durven beweren. Ook mag de vraag worden gesteld of zo'n overzetting eigenlijk wel 'mag', of je een door en door religieuze spiritualiteit daarmee niet naar 'beneden' haalt. Ik heb daar twee antwoorden op.

Het eerste, wellicht wat frivole antwoord, is een waarschijnlijk apocriefe anekdote over de grote fysici Niels Bohr en Albert Einstein. Einstein bezoekt Bohr in zijn zomerhuisje aan de Deense kust. Hij ziet dat boven de ingang naar plaatselijk gebruik een hoefijzer is aangebracht, om de inwoners van het huis geluk te brengen. 'Niels,' zegt hij, 'jij als fysicus gelooft toch zeker niet dat zo'n hoefijzer werkt en de loop van de gebeurtenissen beïnvloedt?' Bohrs antwoord: 'Nee, natuurlijk geloof ik daar niet in, maar ik heb gehoord dat het ook werkt als je er *niet* in gelooft.'

Mijn tweede antwoord zegt hetzelfde, maar dan wat meer theologisch verpakt. *Elke* bijdrage aan de cognitieve, esthetische en morele kwaliteit van deze wereld is een bijdrage aan het rijk Gods. Als elementen uit een christelijke spiritualiteit heilzaam op de houding en levensstijl van de niet-christen of de niet-religieus gebonden mens inwerken, is dat winst en van waarde. Zoals dat ook geldt voor beïnvloeding in 'omgekeerde' richting, bijvoorbeeld wanneer elementen uit boeddhisme, taoïsme of de milieubeweging vruchtbaar blijken te kunnen zijn in de christelijke levenspraktijk.

Spiritualiteit kun je trouwens niet 'naar beneden halen', en zeker de benedictijnse niet. Die is uitdrukkelijk voor 'beneden' bedoeld, om namelijk in *alles* Gods lof te zingen.

Ook voor wie niet in de religieuze bedding wandelt waarbinnen de benedictijnse spiritualiteit zich beweegt – maar die wel het vermoeden heeft dat uit die spiritualiteit vruchtbaar te putten is voor de eigen houding en levensstijl – kan het zinvol zijn om nader kennis te maken met de algemene spirituele achtergrond van benedictijns leven. Deze probeer ik te geven in het eerste hoofdstuk, waarbij ik uitga van mijn eigen kennismaking met deze levensstijl. Het tweede hoofdstuk beoogt de grondpatronen van benedictijnse spiritualiteit in objectievere vorm te schetsen en deze te vertalen naar niet-monastieke contexten.

De verschillende deelthema's die daarin in het voorbijgaan oplichten (zoals bezield leiderschap, luisterende besluitvorming, vruchtbaar gedijende *human resources* en verstandig omgaan met de tijd) zullen in de daaropvolgende hoofdstukken elk nader worden voorgesteld.

Nog een opmerking bij wijze van gebruiksaanwijzing bij dit boek, een opmerking die ik bijna niet durf op te schrijven omdat ze even pedant als verwaand lijkt: lees het *langzaam*, en dus in niet al te grote porties. Het is niet bedoeld om snel wat informatie uit te vergaren, om na diagonaal lezen haastig wat bruikbare tips met een groene stift te markeren, om in twee avonden tot een hoger inzicht te komen. In de benedictijnse traditie kennen we de *lectio divina* of geestelijke lezing. Daarin wordt een tekst waarin je iets voedzaams hoopt aan te treffen heel langzaam gelezen, en wel tot iets je raakt. Dan stop je. Wat je geraakt heeft bekijk je nog eens opnieuw, en rustig associërend overweeg je hoe het kwam dat je geraakt werd, wat dat eigenlijk was, en wat daarop je antwoord zou kunnen zijn. Het is een soort proevend herkauwen van een tekstfragment, totdat je denkt dat je er de voedende sappen wel zo'n beetje uit hebt gehaald – de oude monniken noemden dit *ruminatio*, het Latijnse woord voor wat koeien met gras doen. Dan lees je langzaam verder tot (hopelijk) opnieuw iets je raakt.

Ik durf dit zonder al te veel gêne op te schrijven, omdat hetgeen de lezer hier en daar als voedzaam en heilzaam zal raken toch niet van mij afkomstig zal zijn, maar van Benedictus, van de levensstijl die in zijn *Regel* geworteld is, en vanuit het contact met personen die volgens zijn *Regel* met vallen en opstaan proberen te leven.

Dat 'met vallen en opstaan proberen' wil ik benadrukken. Vanzelfsprekend wil ik in dit boek het mooie, waardevolle en vruchtbare van het benedictijnse leven aan de lezer voorhouden. Het is net zo vanzelfsprekend dat iemand reageert met de ontnuchterende opmerking: 'Maar ik ken een abdij (of zelfs meerdere) waar van al dat moois soms weinig terechtkomt.' Nou, ik ook. Om te beginnen de abdij waarvan ik de (dankbare) oblaat ben – en de bewoners daar zullen de eersten zijn om dit 'met vallen en opstaan proberen volgens de *Regel* te leven' ten volle te beamen. Evenmin zouden ze hun eigen leven willen idealiseren. De abdijgeschiedenis heeft perioden van grote bloei meegemaakt, maar ook van diepe crisis. De grootste bloeiperiode was misschien wel die van de gezamenlijke eigenhandige bouw van het eigen klooster – een ervaring die moeilijk te evenaren is. Wellicht dat gericht iets *nieuws* proberen te *bouwen* (van welke aard en hoe bescheiden ook) een voorwaarde zou kunnen zijn voor een nieuwe periode van bloei.

Nu lijkt mijn abdij na lente, zomer en herfst in haar winterseizoen te zijn – al zijn er eerste lenteboden. Zo'n winterseizoen lijkt erger dan het is. Ook de winter is een respectabel seizoen, waarin kiemen worden bewaard en stilletjes doorleven voor een volgende lente van een jaar dat anders zal zijn dan het vorige. Het is als bij die oude Ierse gewoonte die *grieshog* wordt genoemd, waarbij aan het eind van de dag enkele gloeiende kooltjes onder een laag as worden geborgen. Na de nacht kunnen de kooltjes worden vrijgemaakt om een nieuw vuur (of vuurtje) te doen ontvlammen.[2] Om dit beeld nog even vol te houden: wie als buitenstaander het kleine en grotendeels grijze gezelschapje abdijbewoners voor het eerst zou meemaken, zou algauw kunnen denken: veel as hier. Maar ik weet dat er gloeiende kooltjes onder de as zijn. Ik weet dat omdat ik er elke keer, ook nu in de winter, door aangestoken word. En ik zal beslist niet de enige zijn. Er zijn zelfs enkele signalen dat de gloeiende kooltjes onder de as anderen zodanig hebben aangestoken, dat ze het vuur ook als monnik willen voortzetten.

In dankbare verbondenheid met de gloeiende kooltjes van de Slangenburg en zij die door hen zijn aangestoken is dit boekje geschreven.

's-Hertogenbosch, Pinksteren 2000

I
EEN EERSTE KENNISMAKING MET DE BENEDICTIJNSE SPIRITUALITEIT[3]

1. Een lesje bij beelden uit de Hildegardisabdij in Eibingen

De abt, zo stelt Benedictus, moet eerder door zijn daden dan door zijn woorden duidelijk maken wat goed en heilzaam is. Het Feijenoord-clublied *Geen woorden maar daden* heeft blijkbaar een benedictijnse achtergrond. De abt moet eerder door zijn voorbeeld onderrichten dan door breedsprakige lessen.

Ook voor de kennismaking met de benedictijnse spiritualiteit kunnen (voor)beelden meer zeggen dan woorden. De KRO maakte in de jaren 1980 twee schitterende tv-series over het monastieke leven. Ze zijn op video uitgebracht onder de titels *Abdijen van de lage landen* en *Abdijen van Europa*.[4] In de eerste reeks sprak me natuurlijk vooral het portret aan van de Sint-Willibrordsabdij in Doetinchem-Slangenburg. Met deze abdij ben ik steeds meer verbonden geraakt. Het commentaar bij de voor mij vertrouwde beelden van abt Van den Biesen is heel *down to earth*: het zelf bouwen van deze abdij heeft de *spirit* van deze op het oog weinig spectaculaire gemeenschap door en door bepaald.

Maar voor een eerste kennismaking met wat benedictijns leven inhoudt zou ik eerder een aflevering uit de tweede serie aanbevelen, namelijk die welke het dagelijkse leven laat zien van de monialen die de Hildegardisabdij in het Duitse plaatsje Eibingen bewonen, vlak bij de resten van de abdij die in de twaalfde eeuw werd gebouwd door de veelzijdige benedictines Hildegard van Bingen.

De beelden uit deze abdij zullen bij velen als vreemd en vervreemdend overkomen. Wat motiveert een groep van tegen de zestig vrouwen van drie generaties om onder het gezag van een abdis en een ongeveer 1500 jaar oude *Regel* voor monniken te leven? 'Wat doet u daar in de Middeleeuwen?' zou een heel begrijpelijke vraag kunnen zijn. Maar aan kleine details is algauw te zien dat deze vrouwen in deze tijd leven: een gsm-telefoon vastgeklipt aan een habijt, moderne keukenapparatuur, computers, het moderne wijngoed van de abdij. We zien de monialen tijdens verschillende momenten van hun dagritme: Gods lof zingend in de kloosterkerk (in fraai gepolijst gregoriaans), hun werk: de zorgvuldige werkzaamheden van de edelsmid, het grondig reinigen van de lampenkappen in de kapel, een zorgvuldig *privatissimum* fenomenologie door de abdis (een gepromoveerd filosofe) aan een jonge novice, bloemen schikken voor het altaar, werkzaamheden in de wijnkelders, met aandachtige privé-lectuur op de eigen kamer, een telefoongesprek in de kloostergang, waarbij de zuster even in een nis gaat zitten om de opbeller de juiste aandacht te schenken, bij het aanleggen van nieuwe elektriciteitsleidingen, tijdens de ontspannen recreatie...

Wie deze beelden een tijdje in zich opgenomen heeft, zal drie dingen zeker opvallen. Allereerst dat de zusters er bij al deze activiteiten naar streven aan alles *aandacht* te schenken, wat dan ook – inclusief de recreatie; alles wordt gedaan in een geest van een aandachtig cultiveren. Steeds als ik deze video zie moet ik denken aan de simpele regel van de romanschrijfster en filosofe Iris Murdoch, die in een notendop het beginsel van goed leven samenvat: *to attend and get things right* – opletten en de zaken in orde krijgen, daar komt het steeds weer op neer.

Een tweede eigenschap die de kijker zal opvallen is de kalme *schoonheid* en goed onderhouden *orde* van de abdij, inclusief de keuken en de andere werkplaatsen. En dat is trouwens ook het geval als er geen tv-camera's aanwezig zijn. Abdijen ademen een geest van zorg en cultuur uit, een uitstraling waaraan ook heel kleine dingen bijdragen: een paar goed geschikte bloemen, zorgvuldig schoongemaakt en geordend gereedschap, het precieze handschrift waarin de aantekeningen van de filosofieles zijn genoteerd. Kleine dingen die *belangrijk* zijn. Schoonheid en orde werken namelijk aanstekelijk. Een student liet me daar eens een klein maar overtuigend bewijs van zien. Hij toonde mij zijn notitieblok, waarop hij de collegenotities van de afgelopen week had geschreven. De meeste aantekeningen waren blijkbaar haastig gemaakt, veel stond schots en scheef door elkaar, de leesbaarheid liet te wensen over. Maar er was één opvallende uitzondering: een college informatica. De betrokken hoogleraar maakt er een sport van om alles heel netjes en fraai op te schrijven, in geordende stappen en in een mooi en leesbaar handschrift. Zijn collegedictaten worden dan ook niet per tekstverwerker maar in handschrift aangeleverd – een gewoonte die inmiddels door veel collega's van de betrokken vakgroep is overgenomen. Zonder dat de student daar een weloverwogen beslissing toe had genomen, waren zijn aantekeningen van *dit* college geordend, mooi geschreven, uiterst leesbaar – een orchidee tussen veel onkruid. Orde en schoonheid werken aanstekelijk. Wanorde en lelijkheid trouwens ook. Dat geldt bij kleine dingen als het bijhouden van een notitieblok, maar dat geldt ook voor het runnen van een groot bedrijf of een ministerie.

Het monastieke leven heeft een uitstraling; in het klein, maar ook vaak in de cultuur- en ideeëngeschiedenis: allereerst religieus en spiritueel, maar ook artistiek, intellectueel, sociaal en economisch. Abdijen hebben Europa (en niet alleen Europa) in *cultuur* gebracht. Dat is niet alleen een historisch feit van voornamelijk museale betekenis. Wie de omgeving nadert van *levende* monastieke gemeenschappen kan in het landschap zien dat er een verband is met een bron van kwaliteit. Wat zijn er bijvoorbeeld opvallend veel vlinders in de buurt van Egmond. Vraag het de benedictijnen daar: een van de broeders cultiveert een vlindertuin.

Deze uitstraling is ook minder direct waarneembaar: een abdij heeft een kring van mensen en activiteiten om zich heen die vanuit het monastieke leven gevoed wordt. In het buitenland (Duitsland, Engeland, de VS) hebben sommige benedictijner abdijen kwalitatief opvallend hoogstaande middelbare scholen of zelfs universiteiten. Andere geven theologische, wijsgerige, liturgische of algemeen-culturele tijdschriften uit, waaraan vele niet-monniken en -monialen meewerken. Weer andere concentreren zich op kunst en de studie en cultivering van het gregoriaans. Dan zijn er nog de vele regelmatige en onregelmatige gasten: mensen die er zich terugtrekken voor studie maar er ook in aanraking komen met iets anders (zie verder), mensen die voor een week van bezinning kiezen voordat ze aan een nieuwe baan beginnen, mensen die gekwetst en verward zijn en in een abdij een geordend en heilzaam klimaat aantreffen.

Recentelijk is aan een dergelijke uitstraling nog een nieuwe loot toegevoegd: de aanwezigheid op internet. De websites van

* Men beginne bij www.osb.org, verzorgd door St. John's Abbey, Collegeville, Minnesota, van daaruit kan men benedictijns verder surfen.

tientallen abdijen trekken vele bezoekers, sommige duizenden per dag.* Van de vaak prachtig verzorgde homepages kan men doorklikken naar spirituele teksten, mooie muziek, een virtuele rondgang door de abdij, kennismaken met de dagorde en de spirituele achtergronden daarvan of boeken bestellen.

Ik vind deze vele facetten van uitstraling een leerzaam lesje voor andere instituten. Ook scholen, universiteiten en bedrijven kunnen op vergelijkbare manieren hun directe en indirecte omgeving intellectueel, artistiek, sociaal en economisch bewust in cultuur proberen te brengen.

Terug naar de beelden van de Hildegardisabdij. Er is nog een derde opvallende karakteristiek, die met de twee vorige samenhangt: je ziet en voelt duidelijk dat de ene activiteit (bijvoorbeeld juwelen maken) niet meer aandacht en zorg krijgt dan de andere (bijvoorbeeld lampenkappen schoonmaken). Een privé-college in de fenomenologie is niet 'belangrijker' dan het schikken van de bloemen voor de kapel. Het is niet zo dat een telefoongesprek wel wat minder aandachtig mag gebeuren dan elektriciteitsdraden aanleggen of psalmen zingen.

Al bij de eerste kennismaking kan het inzicht doorbreken dat er in een abdij geen scherpe scheidslijnen zijn tussen het sacrale en het profane. Benedictus' *Regel voor monniken* inspireert deze houding. Dat gebeurt bijvoorbeeld in hoofdstuk 31 over de kellenaar (zeg maar: de econoom en materieel beheerder) van het klooster, waar we lezen: 'Alle goederen en gereedschappen van het klooster moet hij zien en behandelen als waren zij het heilig vaatwerk van de kapel.' Ook waar het gaat om de *houding* van de monniken in hun diverse dagelijkse activiteiten is er een doorgaande lijn. Een wijze abt gaf aan enkele novicen, die niet goed wisten hoe plechtig ze wanneer moesten lopen, eens het volgende advies: 'In de kapel moet je je gedragen zoals tijdens de recreatie: ontspannen. En tijdens de recreatie moet je je gedragen zoals in de kapel: met waardigheid.'

De in de beelden van de Hildegardisabdij gesignaleerde karakteristieken zijn evenzoveel lesjes die kunnen worden toegepast in de context waarin we leven, en die de kwaliteit van leven zouden kunnen verhogen. Het cultiveren van een houding van aandacht – wie het ook is die om aandacht vraagt – is even belangrijk in het gezinsleven als in de onderwijssituatie, bij het plakken van een lekke fietsband en bij het schrijven van een geleerd artikel, wanneer je deelneemt aan de liturgie of bij een gesprek laat op de avond met een goede vriend. Een mooie fles wijn delen en die met smaak en aandacht proeven, of in een gesprek zorgvuldig luisteren en gepast respons geven is in zekere zin net zo sacramenteel als ter communie gaan.

Hier hangt ook het tweede lesje mee samen: dat taken en activiteiten weliswaar van gewicht kunnen verschillen, maar dat de ene niet meer aandacht waard is ('heiliger' is) dan de andere. Deze houding is buitengewoon lastig te verwerven. Het is zo verleidelijk en voor de hand liggend om het schrijven van een belangrijke bestuursnotitie, het overdenken van een cruciale ontmoeting met een grote geldgever, het voorbereiden van een *keynote lecture* voor een internationaal wetenschappelijk congres of het formuleren van een advies voor de Bisschoppenvergadering je tijd en aandacht meer waardig te achten dan het bereiden van een maaltijd voor je gezin, het repareren van de lekke band van de fiets van je dochter, het ontspannen voorlezen van een verhaal voor het slapengaan of het zorgvuldig boenen van de vloer van je woonkamer. Maar wanneer je beseft dat al deze taken niet gelijk maar wel gelijkwaardig zijn, en dat alle het verdienen met aandacht gedaan te worden, als kansen 'om God te prijzen', of meer seculier *to attend and get things right*, en wanneer je aan dit besef ook respons geeft, dan zullen ze alle in kwaliteit toenemen. Door goed de vloer te boenen wanneer dát aan de orde is, wint ook de voorbereiding van die *keynote lecture* aan kwaliteit wanneer dié elders op mijn dagprogramma staat.

De zojuist genoemde voorbeelden putte ik uit mijn persoonlijke leven. Daarbij besef ik maar al te goed hoe groot de afstand kan zijn tussen het ideaal dat Benedictus' *Regel* me voorhoudt en wat ik daar in het leven van alledag van terechtbreng. Ik weet inmiddels dat dat voor monniken en monialen niet anders is. Gelukkig schrijft Benedictus heel geruststellend: 'Dit is een regel voor beginners.' Daarmee bedoelt hij niet dat je na lezing ervan en voldoende oefening wordt bevorderd naar een volgend niveau, waarvoor hij dan een regel voor gevorderden in de aanbieding heeft. Integendeel: er is *alleen* deze regel voor beginners. En we *blijven* steeds en dagelijks beginners op onze pelgrimsweg naar een betere kwaliteit van leven. In die zin blijft ook de monnik of moniale die al zestig jaar geleden geprofest is een novice. Zoals een oude abt eens zei toen hem door een journalist werd gevraagd waar ruim een halve eeuw benedictijns leven in de kern op neerkwam: 'Vallen en weer opstaan. Vallen en weer opstaan.' En buiten het klooster is het niet anders.

Een regel voor beginners. Er is dus geen hoger niveau waarop de spirituele professionals zich zouden bewegen. Opnieuw zien we hier een verschil met bijvoorbeeld de spirituele avonturen in *De Celestijnse Belofte*, waarin de hoofdpersonen in hoog tempo van het eerste inzicht naar het tweede, van het tweede naar het derde enzovoort worden geleid, en in een vervolgboek zelfs het tiende inzicht bereiken. Bij Benedictus is er maar één niveau: het beginnersniveau, en is er slechts een langzaam tempo: dat van dag naar dag, waarin we oefenen in *piece-meal spiritueel verbetermanagement*, wat in het Latijn *conversatio morum* heet (een van de drie geloften die de monnik aflegt). Anderen mogen dit teleurstellend vinden, ikzelf vind het een heel hoopvolle en geruststellende gedachte dat benedictijns leven niet bedoeld is voor spirituele krachtpatsers.

2. Wat ik leerde bij mijn eigen kennismaking met benedictijns leven

Mijn eigen proces van vallen en opstaan is de afgelopen achttien jaar geleidelijk steeds meer bepaald door deze 'regel voor beginners', en door een steeds kleiner wordend en nogal onopvallend groepje merendeels oudere mannen die als een gemeenschap volgens deze regel proberen te leven: de monniken van de bescheiden maar mooie Sint-Willibrordsabdij in Doetinchem/Slangenburg. Ik kwam er eerst als een regelmatige gast, voelde me geleidelijk meer verbonden met deze gemeenschap en gaf op een bepaald moment respons aan de uitnodiging om me als leek met deze communiteit te associëren, om *oblaat* te worden.

Ik ben zo vrij enkele alinea's aan deze ontwikkeling te wijden, omdat uit dit proces van (buitengewoon bescheiden) persoonlijke groei iets te leren is over grondpatronen van benedictijnse spiritualiteit en over de (buitengewoon bescheiden) vruchten daarvan.

Ik was voor het eerst te gast op de abdij in december 1982. Mijn jongere broer, die er al vaker was geweest en zelfs wel eens over intreden had gedacht, had me uitgenodigd hem op zijn jaarlijkse bezoek daarheen te vergezellen. Ik was net met een nieuwe studie begonnen en zou er rustig kunnen werken. En rustig was het er zeker. Ik werkte gestaag aan mijn paper, en eerder uit beleefdheid jegens mijn gastheren dan uit grote religieuze ijver stond ik zes keer per dag met hen in het abdijkerkje. Ik voelde me er nogal ongemakkelijk. Deze diensten, 'getijden' genoemd, leken me merendeels merkwaardig onproductief, zonder enigerlei vorm van 'resultaat' zoals in de liturgische vieringen die ik van elders kende: de eucharistie die uitmondt in een communieritus, het doopsel, de huwelijksviering, de uitvaart, het vormsel.

Er werden psalmen, antifonen, liederen en hymnen gezongen, blijkbaar volgens een systeem, dat me echter gecompliceerder leek dan de irreversibele thermodynamica. Er was een lezing, gevolgd door een irritant lang lijkende stilte (bleek nog geen vijf minuten te zijn, maar dat is erg veel stilte voor een druk en onrustig baasje), een gebed en een gezongen acclamatie. Daarna weer netjes in processie het kerkje uit. Kaarsen uit, geen enkel resultaat, behalve dan dat Gods lof gezongen was. Alsof Hij daar behoefte aan had, dacht ik oneerbiedig. En onjuist bovendien, zo leerde ik later: *wij* hebben daar behoefte aan.

Bij de reeks van psalmen in elk van de getijden voelde ik me extra ongemakkelijk tijdens het iedere psalm afsluitende: 'Eer aan de Vader, de Zoon, en de Heilige Geest...,' waarbij men een diepe buiging maakte. Ik vond het moeilijk om mee te buigen, en ik stoorde me aan het enthousiast meebuigen van enkele andere gasten, die mij als nieuwkomer ongetwijfeld eens even wilden inpeperen hoe vertrouwd zij met de rituelen hier waren. Ik vind het een licht verontrustende gedachte dat huidige nieuwkomers zich mogelijk net zo storen aan mijn meebuigen.

Het enige getijde dat me de eerste dag al beviel, was de dagsluiting of Completen, waarmee de dag van zingen, bidden, lezen, werken en ontspannen compleet wordt gemaakt en waarna de nachtstilte volgt. Het is een aangenaam eenvoudige dienst: stil gewetensonderzoek, schuldbelijdenis (van welke zonden dan, zo vroeg ik me naïef af), elke avond dezelfde drie psalmen waarvan de teksten me nu eens meteen duidelijk waren (Psalm 4; Psalm 91: Gods bescherming; Psalm 134: zegenbede), Simeons Lofzang ('Laat Heer uw knecht in vrede gaan...'), een kort gebed en zegening met wijwater door abt of prior. Dan worden alle lichten gedoofd, met uitzondering van een klein spotje op een Mariabeeld, hoog in een nis, en men zingt een gregoriaanse Mariahymne. Dit merkwaardige moment raakte me meteen. Wat een rare situatie: veertien volwassen mannen, geen van hen op het oog ernstig geestelijk gestoord, die in het donker een heel oud liedje zongen, hun ogen gericht op een levenloos beeld. En dat doen ze elke avond, jaar in jaar uit. Wat is hier aan de hand? Ik was ontroerd, en wist eventjes niet meer zo zeker dat ik hier alleen was om te studeren.

Tijdens deze eerste week leerde ik nog drie dingen.

Geleidelijk kreeg ik iets minder moeite met het buigen bij het 'Eer aan de Vader...', het paste ook wel bij de woorden die de Drievuldige Allerhoogste aanduiden. Benedictijnse spiritualiteit is deels een levenswijze van gewoon leren meedoen, een spiritualiteit die voorbeelden toont die men kan navolgen. In een abdij is er maar in beperkte zin sprake van 'geestelijke begeleiding'. De gasten kunnen een gastenpater spreken als ze dat willen, maar een gastenpater zal niet snel uit zichzelf een 'geestelijk gesprek' beginnen. De postulanten en novicen worden in gesprekken met de novicemeester wel ingeleid in bepaalde aspecten van de benedictijnse spiritualiteit en levenshouding, maar het meeste pikken ze waarschijnlijk op door gewoon maar mee te doen en die houding wat af te kijken. Zo verging het mij met het aanvankelijk moeilijke buigen: uiterlijk vast een beetje meedoen met een monastiek gebruik kan geleidelijk je innerlijke houding en respons veranderen, waardoor ook het uiterlijke meedoen je natuurlijker afgaat. Als ik nu wel eens stil voor mezelf in de trein een psalm lees, moet ik soms de neiging onderdrukken om niet aan het eind op te staan en mijn buiging in te zetten – men zou ongetwijfeld het bevoegde treinpersoneel waarschuwen.

Het tweede dat ik leerde, toen slechts oppervlakkig, betrof de zegeningen van de benedictijnse omgang met de tijd. Ik kom daar in een van de volgende hoofdstukken nog op terug. Het ritme van de tijden voor koorgebed, werk, maaltijden en recreatie had een heilzaam effect op mijn algemene welbevinden en bleek verrassend efficiënt waar het ging om mijn eigen werk. Ik schreef meer pagina's per dag gedurende het vrij beperkte aantal werkuren (vijf à zes) in de abdij dan tijdens een volledig aan studie gewijde dag thuis. Niet alleen omdat ik minder afleiding had, maar ook vanwege dat al eerder genoemde 'gewoon maar meedoen'. De klok die de dagindeling regelde moest tóch gehoorzaamd worden. Een gehoorzaamheid die opvallend bevrijdend kan werken. De klok geeft aan dat over tien minuten het koorgebed begint, *dus* de monnik (en meestal ook de gast) zet zijn grasmaaier uit, legt zijn pen neer of sluit zijn boek en begeeft zich met zijn koorboek op weg naar de kloosterkerk – een lesje in de kunst van het ophouden. De klok geeft het einde van de recreatietijd aan en *dus* pak je pen en boek weer op, start je de motor van de maaier of begin je met het boenen van de vloer – een lesje in de kunst van het beginnen. Dit kan voor een buitenstaander wel erg braaf en kunstmatig lijken, maar door je in zo'n dagritme te voegen en een beetje te oefenen in zowel de kunst van het beginnen (hoe gemakkelijk schuiven we dat niet op) als de kunst van het ophouden (heel belangrijk in een gevaarlijk doldraaiende maatschappij) werk je én effectiever én meer ontspannen, zo is mijn ervaring. Zeker als je de gewoonte aanneemt om elk deel van het dagschema zijn eigen waarde te geven: niet tijdens het vloeren boenen al denken over je *key-note lecture* of nog wat namopperen over die verkeerde opmerking van je collega eerder op de dag.

In het begin moest ik even wennen aan het feit dat ook de recreatie een eigen waarde in het dagritme heeft. Ook de recreatie verdient het gecultiveerd te worden. Tijdens de middagafwas op een van mijn eerste kloosterdagen kondigde ik ijverig aan: 'En nou straks terug naar mijn paper over Aristoteles!' 'Niks Aristoteles,' zei de gastenpater gespeeld streng (maar eigenlijk wél serieus), 'het is nu recreatie. Ga je mee wandelen?' Een beetje geïrriteerd door deze schijnbaar blinde gehoorzaamheid aan het monastieke dagschema volgde ik hem. Een kleine drie kwartier later, toen de klok daartoe het teken had gegeven, zat ik wel met een redelijk opgefrist hoofd aan het bureau.

Het derde lesje uit deze eerste week: het belang van eenvoudige maar effectieve zorg voor kleine dingen in je omgeving. Een van de monniken, pater Schretlen, een geliefd biechtvader en gespreksgenoot van velen uit het hele land, was tevens de koster van het kloosterkerkje. Vanuit deze functie droeg hij ook zorg voor de bloemen in de kapel en elders in het klooster. Je zag hem vaak even aandacht schenken aan aspecten van deze taak: een paar verwelkende bladeren verwijderen, wat gevallen bloemblaadjes opruimen, een boeket even herschikken, een kaars vervangen, een paar stoelen rechtzetten. Het betrof helemaal geen obsessie of dwangneurose; pater

Schretlen had gewoon een oplettend oog voor kleine dingen op zijn terrein die even wat extra aandacht nodig hebben.

Sinds ik probeer me aan een eigen (natuurlijk sterk aangepaste) versie van een van de abdij afgekeken dagorde te houden, staat er in mijn dagschema ook een PSE, dat staat voor het 'pater Schretlen-effect'. Dat houdt simpelweg in dat ik dagelijks op zijn minst eenmaal oog probeer te hebben voor een kleine kans zijn voorbeeld te volgen, thuis, op mijn werk of waar dan ook: een kapotte gloeilamp vervangen, mijn hotelkamer netjes achterlaten, de waterbakjes aan de verwarming bijvullen, mijn leeslampje uitdoen als ik de treincoupé verlaat. Ik weet dat dit nauwelijks iets voorstelt, en toch schaam ik me als ik 's avonds zie dat ik mijn PSE niet heb afgestreept.

3. Groeien naar de oblatuur

Een paar lesjes, vagelijk in mij opgenomen tijdens dit eerste abdijbezoek. Sindsdien volgden er meer, waarbij ik langzamerhand niet meer alleen voor rustig werken kwam. Heel geleidelijk veranderde mijn oriëntatie. In een eerste fase raakte ik steeds meer 'geïnteresseerd' in dit benedictijnse leven en zijn spiritualiteit, omdat ik wel merkte dat het me goeddeed. Ik begon in de *Regel* van Benedictus te lezen, die me aanvankelijk grotendeels teleurstelde, maar waarvan de waarde, ook voor mijn eigen levensoriëntatie, me dankzij goede commentaren langzaam duidelijk werd.

Er volgde een gevaarlijke en zeer onbenedictijnse fase, waarin ik werkend en levend 'in de wereld' hevig en hartstochtelijk begon te verlangen naar mijn bezoeken aan de abdij, als een ontsnapping aan mijn toegenomen taken en verantwoordelijkheden, als een veilige haven, als een instituut voor spirituele *intensive care* waar ik enkele dagen aan het infuus mocht liggen. Had ik deze wereld eerder gekend, dan had ik destijds niet gekozen voor een getrouwd en publiek actief leven, zo dacht ik toen soms. Ik noem dit onbenedictijns, omdat Benedictus weinig moet hebben van het 'weglopen' van iets waaraan je je hebt verbonden.

Dankzij het aandachtig herlezen van de *Regel* en de interpretaties daarvan van Esther de Waal, Columba Cary-Elwes en Anselm Grün, en vooral ook door kleine gesprekjes en losse opmerkingen van monniken en mijn broer in de afwaskeuken en in de bossen van de abdij, kreeg ik een andere kijk op wat benedictijnse spiritualiteit voor mij zou kunnen betekenen. Een verandering via twee sporen: van 'geïnteresseerd zijn in' naar 'gecommitteerd zijn aan' een benedictijnse levensstijl; van het gevoel 'het doet me goed' naar de opdracht vanuit deze inspiratie een leven te leiden dat 'goed zou kunnen doen', en dat dan niet in mijn kloosterlijke wijkplaats, maar in mijn alledaagse context van gezin, werk en sociaal leven.

Deze verder weinig spectaculaire ontwikkeling werd blijkbaar aangevoeld, want de kloostergemeenschap nodigde mij samen met enkele anderen (onder wie mijn broer) uit om ons als leken te associëren met de abdij, om *oblaat* te worden. Na een voorbereidend jaar deden we onze 'oblatenprofessie' aan het altaar van de kapel tijdens de eucharistieviering en legden we onze ondertekende 'oblatenbeloften' in de handen van degene die nu ook onze Vader Abt zou zijn.

Oblaat zijn betekent simpelweg: je van een afstand afstemmen op het monastieke leven van de kloostergemeenschap waarmee je verbonden bent. Daarnaast proberen oblaten en kloostergemeenschap elkaar over en weer van dienst te zijn. Dat afstemmen op het monastieke leven kent drie hoofdaspecten (net zoals in het leven van monniken en monialen):

koorgebed of officie (voor oblaten natuurlijk in aangepaste vorm), het op een benedictijnse wijze uitvoeren van je werk van allerlei aard en de dagelijkse 'biddende lezing' (*lectio di-vina*) van een spirituele tekst (waaronder de *Regel*). Ook het dagelijkse leven van de oblaat is gebaseerd op de drie monastieke geloften: die van de *stabilitas* (te vertalen als: niet weglopen van dat waaraan je je hebt verbonden en wat hier en nu een appèl op je doet), de *conversatio morum* (te vertalen als: het permanent en dagelijks opnieuw op te pakken proces om je houding en levensstijl stukje bij beetje te verbeteren) en de *obedientia* (te vertalen als: de kunst van het aandachtige luisteren en van harte en daadwerkelijk respons geven).
Voor wie zich als monnik, moniale of oblaat verbonden heeft aan benedictijns leven, is het een dagelijkse ervaring dat deze vorm van spiritualiteit niet te bezitten of te 'hebben' is (zoals een eerste, tweede of zelfs tiende inzicht in *De Celestijnse Belofte*), maar dat ze eerder een aantal kwaliteitsperspectieven en levensoriëntaties aanreikt waaraan elke dag gewerkt moet worden.

Juist vanuit deze alledaagse achtergrond kunnen deze perspectieven en oriëntaties ook inspirerend en vruchtbaar zijn in andere contexten dan het abdijleven, zoals in het gezin, het werk, het sociale leven en op school. Ook die contexten moeten het eerder hebben van *piece-meal verbetermanagement*, van aandachtig luisteren naar wat mensen en situaties van je vragen en daaraan beantwoorden en van het niet weglopen van datgene waaraan je je verbonden hebt, dan van spectaculaire totaalveranderingen of alleen door spirituele of andere geweldenaars te voltrekken revoluties.

II
GRONDPATRONEN VAN BENEDICTIJNSE SPIRITUALITEIT – EN EERSTE VERTALING NAAR NIET-MONASTIEKE CONTEXTEN[5]

1. De benedictijnse levensregel: aandachtig luisteren om tot resultaat te komen

Regel

Het woord 'regel' heeft voor velen allereerst een normatieve, beperkende en zelfs negatieve klank. Bij 'je aan de regels houden' denk je al gemakkelijk aan wat er allemaal *niet* mag, waar de *grenzen* liggen waar je *niet* overheen mag gaan en welke sancties er volgen bij de overtreding van de regels.

In de *Regel* van Benedictus zijn dit soort elementen zeker te vinden, maar ze staan altijd in dienst van *positieve* waarden: persoonlijke groei en bloei, het gedijen van de gemeenschap, goed zorgen voor je spullen. Zelfs de voorschriften die het corrigerend en straffend optreden van de abt regelen zijn op heil en verbetering gericht, en niet op wraak of straf als zodanig.

Regels en normen zouden altijd gezien moeten worden als steun gevend op een weg die gericht is op positieve waarden. Je regelt zaken vanwege een doel, een waarde die je wilt bereiken. Als het verband tussen regel en waarde zoek is, dan is een regel waardeloos. Regels en normen los van waarden zijn leeg en worden dan ook niet gerespecteerd.

Als in een gezin, bedrijf, maatschappelijke organisatie of de samenleving sprake is van normvervaging, van welke aard dan ook, dan is er iets mis met de waardencommunicatie. Mensen kennen de regels meestal heel goed, maar ze zien er de zin niet van in of ze delen de waardecontext niet (meer) van waaruit de regels en normen zinnig begrepen kunnen worden. Omgekeerd kunnen juist door positieve waardecommunicatie – op microniveau meestal hetzelfde als voorbeeldgedrag, waardoor wordt verlangd zich eveneens aan een waardecontext te committeren – situaties ontstaan waarbij die regels nauwelijks meer uit de kast hoeven te worden gehaald. Voor een inspirerende dirigent studeren orkestmusici meer dan door de CAO wordt voorgeschreven, een docent die 'het' heeft hoeft zelden of nooit straf te geven of leerlingen eruit te sturen, bij een ondernemer met hart voor zijn zaak én zijn mensen (wat hetzelfde is) ligt het ziekteverzuim van zijn medewerkers (elders vaak 'baaldagen') aantoonbaar lager dan gemiddeld.

De benedictijnse leefregel is dan ook geen monastiek wetboek van strafrecht, maar een gids voor een levensschool. Geen starre code, maar een evenwichtig programma voor *menswording* en *waarde-incarnatie*. Denk in dit verband aan de door Martin Buber 'verduitste' weergave van het Hebreeuwse woord *Thora* in de Schrift: het betreft geen *Gesetz* (daar vind je geen vreugde in, daar dans je niet voor) maar een *Weisung*: een beproefde heilzame en vruchtbare hulp bij de oriëntatie van je leven. De joodse traditie kent dan ook het feest van de Vreugde der Wet, en er wordt met en voor de *Thora*-rollen gedanst. Dat zal in een gerechtshof niet gauw gebeuren.

Opvallend in de *Regel* van Benedictus is het samengaan van orde en flexibiliteit. Een bijna humoristisch voorbeeld vind ik een opmerking wanneer Benedictus hoofdstukkenlang tot in de kleinste details de verdeling van de psalmen over de verschillende gebedsgetijden ordelijk geregeld heeft: 'Als iemand deze psalmverdeling niet zou bevallen, laat hij dan een andere maken die hij beter oordeelt' – mits natuurlijk die andere ordelijk geregeld is. Dit is typisch benedictijns: orde en regelmaat zijn essentieel voor een gezegend leven, mits ze gecombineerd worden met flexibiliteit.

Luisteren en respons geven

In de abdij wordt dagelijks gelezen uit deze *Regel* van Benedictus, en thuis probeer ik dat ook te doen. Er staan nogal wat uitgesproken praktische hoofdstukken in – over kleding en schoeisel, over welke psalmen er wanneer gezongen moeten worden, over correctie en straf. Pas bij geregeld herkauwen en met de hulp van ervaren commentatoren blijken ook deze passages heel spiritueel voedend te kunnen zijn. Maar andere spreken al bij rustige lezing en overweging aan. Daartoe behoren met name de Proloog, de hoofdstukken over de abt en de kellenaar (de 'econoom') en het hoofdstukje over de manier waarop in het klooster besluiten moeten worden genomen.

De eerste zin van de Proloog bevat in een notendop het hele benedictijnse levensprogramma: 'Luister, mijn zoon, naar de richtlijnen van uw meester, en neig het oor van uw hart: aanvaard gewillig de vermaningen van uw liefdevolle vader en breng ze metterdaad ten uitvoer.'[6] Hier is niet een strenge en bazige commandant aan het woord, maar een liefdevolle meester en vader. Ook gaat het hier niet om blinde gehoorzaamheid of kadaverdiscipline: de meester en vader hoopt op een van harte en gewillig instemmen en een daadwerkelijk ten uitvoer brengen.

Het 'luister', het eerste woord van de *Regel*, heeft een speciale klank. Het Latijn gebruikt hier *obsculta* of *ausculta*: het gaat om een zeer aandachtig luisteren, zoals wanneer een arts een patiënt met een stethoscoop 'ausculteert'. Dit aandachtig luisteren is erop gericht te horen wat de situatie van ons vraagt, om daarop vervolgens respons te geven. Benedictijns leven is zo in één regel samen te vatten: heel aandachtig luisteren en van harte en daadwerkelijk respons geven. En niet uit zweverige braafheid, maar om tot *resultaat* te komen. Om het theologisch te zeggen: het beluisterde woord moet geïncarneerd worden, omgezet in werkelijkheid, in resultaten.

Het laatste woord van de *Regel* is *pervenies*: je komt ergens aan waar je wilt zijn, je komt tot resultaat. Benedictijns leven is: aandachtig luisteren om tot resultaat te komen. Een houding die vanzelfsprekend ook buiten het klooster te cultiveren is.

Uit deze samenhang van aandachtig luisteren (en andere vormen van oplettende aandacht) en tot goed resultaat komen zijn een paar simpele en voor de hand liggende lessen te leren.

Is er sprake van geen of slecht resultaat? Dan is er vaak niet of onvoldoende aandachtig opgelet. Dat is bij kleine dingen het geval, maar ook bij aanzienlijk minder onschuldige aangelegenheden. De geplakte fietsband loopt weer leeg? Niet zorgvuldig de velg en de buitenband nagevoeld op doorkomende spaken of scherpe ongerechtigheden die zijn blijven zitten; niet goed opgelet bij het plakken; onzorgvuldig de band erop gelegd met de bandenlichters, waardoor je er een gat bij hebt gemaakt. Neerstortende Boeing 747 op de Bijlmer? Motorborgpennen onzorgvuldig gecontroleerd; niet gesignaleerd dat een van de motoren uit het lood hing, of misschien wel gesignaleerd maar gedacht dat men dat de volgende ochtend in Tel Aviv maar moest uitzoeken; onoplettendheden in de communicatie tussen bemanning en de verkeersleiding.

Veel van wat er aan kleins en groots misgaat is niet zozeer het gevolg van kwade opzet en boze plannen, maar van slecht luisteren, onoplettendheid, half werk leveren, klungelen. En omgekeerd: waar iets opvallend goed lukt (van een bevrijdende opening in een functioneringsgesprek tot een spetterende uitvoering van Sjostakovitsj' *Vijfde Symfonie* en het veilig binnenloodsen van een zwaar beschadigd verkeersvliegtuig), dan is dat vaak in verband te brengen met goed kunnen luisteren naar elkaar, met grote aandacht op het puntje van je stoel, met alle antennes uit.

Benedictijnse mensvisie: we kunnen blijven groeien

De benedictijnse reeks van aandachtig luisteren, van harte instemmen en tot resultaat komen toont een mensvisie en een psychologie die uitgaat van de ervaring dat de mens een oplettend en respons gevend wezen is dat grote talenten heeft voor spirituele groei. Daarbij neem ik de term 'spiritueel' heel ruim: als alles wat met 'geestelijk leven' te maken heeft, en daar hoort bijvoorbeeld muziek maken of een goed gesprek tussen vrienden ook bij.

Dat menszijn inderdaad geen toestand is, maar een opdracht en een groeiproces inhoudt, is een inzicht van alle tijden. Met mijn studenten van de TU Eindhoven las ik een tijd geleden een tekst uit persoonlijke notities van de Romeinse keizer Marcus Aurelius. Deze dagboekpassage uit de tweede eeuw kwam mijn studenten (en mijzelf) deels heel vertrouwd voor: 'Wanneer je 's morgens vroeg met tegenzin opstaat, heb dan deze gedachte bij de hand: ik sta op om de taak van een mens te verrichten. Moet ik dan zeuren, als ik dat ga doen waarvoor ik geboren ben en ter wille waarvan ik op de wereld ben neergezet? Of ben ik geschapen om me te koesteren onder de dekens? Maar dat is wel prettiger. Ben je dan geboren om te genieten en, in het algemeen, om te voelen, en niet om te *handelen*? Zie je de planten niet, en de mussen, de mieren, de spinnen, de bijen, die allemaal hun eigen taak verrichten en, op hun manier, meehelpen de kosmos te laten functioneren? Wil jij dan je werk als mens niet doen? Haast je je niet om te doen wat bij *jouw* natuur past?'[7]

En wat is dan onze natuur, onze aard? Wat is het specifiek menselijke? Kun je daar wel iets zinnigs over zeggen? Om te beginnen kun je vaststellen dat mensen – anders dan mussen, mieren, spinnen en bijen – wanneer ze lichamelijk volgroeid zijn nog helemaal niet *af* zijn. Zelfs op hoge leeftijd kunnen mensen het knagende gevoel hebben dat ze nog ingrijpend anders moeten worden, dat ze nog aan zichzelf moeten *werken*, dat ze er nog niet klaar voor zijn. We hebben in veel functies nog een opvallend potentieel om door te *groeien*. Een volgroeid jachtluipaard haalt een topsnelheid van iets boven de 100 km per uur. We zouden verbaasd opkijken als een meer ervaren jachtluipaard de grens van 1000 km per uur zou overschrijden. Maar bij ons is dat in bepaalde functies wel zo. Kinderen komen in de brugklas van een middelbare school en kunnen (meestal) optellen en een gasvlam aansteken. Na het eindexamen kunnen ze (meestal) partieel differentiëren, een gaschromatograaf bedienen en het mechanisme van de nucleofiele aromatische substitutie doorzien. Geef een ongeoefende een viool en een strijkstok en het geluid is niet om aan te horen (0 km per uur), maar na twaalf jaar zijn hart erin leggen en een ijverig *commitment* speelt hij het vioolconcert van Brahms (vér over de 1000 km per uur). Ingezetenen van Eindhoven en Valkenswaard die een conflict hebben over een grenscorrectie kunnen er met knuppels op uittrekken en elkaar de hersens inslaan (0 km per uur), maar ze kunnen het ook voorleggen aan de Raad van State.

Zoals voor een authentiek leven als jachtluipaard een aantal vitale voorwaarden en functies is vast te stellen (hoge snelheid ontwikkelen, niet bang wegsprinten als je een antilope ziet, enzovoort), zo kun je ook voor een authentiek menselijk leven enkele voor iedereen geldende vitale en spirituele voorwaarden en functies noemen. Heel puntig (en gemakkelijk te onthouden) is dat gedaan door de Canadese filosoof Bernard Lonergan S.J., die voor authentiek menselijk leven vijf 'transcendentale imperatieven' formuleerde, waarbij Benedictus heel instemmend zou hebben geknikt.[8] Men hoeft overigens niet te schrikken van deze termen: ze heten 'transcendentaal' omdat ze voor *iedereen overal* en *altijd* gelden, en ze heten 'imperatieven' omdat we eraan moeten *werken*. Het zijn opdrachten – daarom staat er steeds een uitroepteken achter:

- *Be attentive!* Let op, wees erbij, luister aandachtig naar wat zich aandient – en niet alleen naar wat je uitkomt. Beluister wat de situatie en de ander van je vraagt, zoals een arts met een stethoscoop de ademhaling en de hartslag van een patiënt beluistert – wat is er aan de hand? Wat staat me te doen?
- *Be intelligent!* Probeer het resultaat van je opletten te *lezen* (*intellectus* wordt wel eens in verband gebracht met *intus legere*: naar binnen lezen), breng er orde en structuur in aan, probeer het te snappen.
- *Be reasonable!* Wees verstandig. Weeg de producten van je begrip af, probeer tot een goed oordeel te komen. Verstandig zijn is trouwens iets anders dan intelligent zijn. Het is bijvoorbeeld intelligent om te snappen dat kostenverlaging je bedrijfsresultaat positief kan beïnvloeden. Maar het is verstandig, om niet te zeggen slim, om na goed afwegen in te zien dat kostenverhoging (investeren)

binnen een goede strategie je bedrijfsresultaat nog veel positiever (want blijvender) kan beïnvloeden.

- *Be responsible!* Wees verantwoordelijk, besef de gradaties in morele kwaliteit van je denken en handelen en wees daarop aanspreekbaar, geef daadwerkelijk antwoord (*respond*) op wat de situatie en de ander van je vraagt.
- *Be in love!* Leg je hart ergens in, geef je *jawoord*, wees gecommitteerd, probeer *van harte* respons te geven, wees toegewijd.

Deze functies lopen gelijk op, niet na of naast elkaar. Bij het goed repareren van een lekke fietsband, bij het fraai oplossen van een wiskundeprobleem, bij een aangenaam vriendengesprek, tijdens een stafvergadering, bij het kiezen van een nieuwe bisschop, wanneer ik iemand spreek tijdens een receptie: alle vijf de functies kunnen tegelijk gecultiveerd worden. Het zou ook wel raar zijn om te zeggen: op de werkvloer doen ze maar aan opletten en snappen, het middenmanagement doet aan verstandig kiezen en aan verantwoordelijkheid, en je hart ergens inleggen is meer iets voor de raad van bestuur.

De vijf genoemde functies van Lonergan kunnen altijd en overal worden geoefend waar mensen samenleven en samenwerken: in een abdij, op een school, in een bedrijf, in een ziekenhuis. Op al die plaatsen geldt: goed opvoeden, opleiden en leiding geven is het prikkelen en oefenen van de gevoeligheid voor opletten, snappen, verstandig kiezen en verliefd worden. Zodat mensen kunnen doorgroeien en hun horizon kunnen verbreden. En dat is geen eenrichtingsverkeer. Menig leraar kreeg les van zijn leerlingen, menig vader werd vaderlijk gecorrigeerd door een van zijn kinderen, menig manager leerde *commitment* aan zijn zaak door het op te merken bij een van zijn medewerkers.

Lonergans imperatieven impliceren heel duidelijk een mensvisie. De mens is een wezen met een permanent vermogen tot groei, nooit af, steeds in staat om eerdere cognitieve, esthetische en morele begrenzingen te overschrijden. Dit voortdurende op weg zijn (men sprak vroeger van de mens als *homo viator*), dit besef dat we dagelijks aan onze groei en bloei moeten werken, sluit naadloos aan bij de mensvisie van Benedictus. Ook de monnik blijft permanent leerling, beginner, aandachtig luisteraar naar wat elke nieuwe situatie van hem vraagt. De drie kloostergeloften waarmee hij zijn *commitment* aan het monastieke leven plechtig bezegelt, moeten dan ook niet gezien worden als eindpunt van zijn opleiding, maar als formuleringen van drie kwaliteitsregels die hij van dag tot dag voor ogen (en oren) moet houden.

2. De benedictijnse geloften: op groei en bevrijding gericht

Als jongen leerde ik dat er drie kloostergeloften bestonden: gehoorzaamheid, armoede en kuisheid. In mijn herinnering werden ze vooral als negatief en begrenzend aan ons voorgehouden. Op drie terreinen moest je voor niet-kloosterlingen belangrijke zaken opgeven wanneer je je geloften aflegde: niet meer doen wat je zelf wilt (het opgeven van je vrijheid), niet meer kunnen beschikken over de dingen die het leven aangenaam maken (het opgeven van je bezit) en niet meer vrijen (het opgeven van lichamelijke intimiteit met anderen). Deze laatste gelofte zou wel eens de lastigste kunnen zijn, zo werd ons meer impliciet dan expliciet te verstaan gegeven.

Religieus worden was dus een zaak van dingen opgeven, en hoe moeilijker dat opgeven hoe waardevoller. Het was een zaak van de beknotting van je natuurlijke verlangens. Je maakte je leven in meerdere opzichten 'enger' (je moest op sommige religieuze plaatjes dan ook door een enge poort naar het heil terwijl die naar het onheil lekker ruim was) en armer, je sloot je op achter hoge muren. Het enige dat ontbrak om op een gevangenis te lijken waren prikkeldraad en wachttorens.

Dit beeld is heel schadelijk geweest, en bovendien in veel opzichten een vertekening van Benedictus' intenties. De reeks van de monastieke geloften luidt om te beginnen nogal anders: *stabilitas*, *conversatio* (ook wel *conversio) morum* en *obedientia*, te vertalen als bestendigheid, dagelijkse verbetering van houding en levensstijl, en aandachtig en van harte gehoor geven aan wat abt, medebroeders en anderen van je vragen. Ze zijn bovendien uitdrukkelijk op groei en bevrijding gericht, niet op beknotting en verenging. De eruit voortvloeiende verdere regels staan *in dienst van* groei en bevrijding.

Zo is het bijvoorbeeld nogal wiedes dat een goed *samen*leven van mensen in een monastieke *gemeenschap* niet gebaat is bij intiem levende 'stelletjes' (met alle gevolgen van dien), bij het bezitterig claimen van zaken alleen voor jezelf, bij een verdeelde, ongeregelde en op particuliere belangen gerichte besluitvorming. Vandaar het belang van kuisheid, bezitloosheid en gehoorzaamheid. Maar dat impliceert geen afwijzing van affectiviteit, geen afwijzing van het op gepaste wijze genieten van de goede Schepping, en geen afwijzing van overleg, consultatie en persoonlijke verantwoordelijkheid. Waar dit in bepaalde perioden wél zo geïnterpreteerd is (met zonder twijfel heel oprechte bedoelingen), heeft een *niet* op groei en bevrijding gerichte strengheid soms aanvankelijk geleid tot vormen van kwantitatief indrukwekkende pseudo-bloei van het monastieke leven. Maar het sloeg niet zelden ook diepe persoonlijke wonden, verschrompelde het emotionele leven, liet talenten onvoldoende uitbloeien (iemand opdrachten geven die *niet* bij zijn talenten pasten was juist 'goed' voor de nederigheid), en leidde her en der tot een diepe crisis in het monastieke leven. En zo'n crisis kan alleen overwonnen worden door daadwerkelijk in contact te komen met de oorspronkelijke benedictijnse intenties en deze op een flexibele maar waardige wijze vorm te geven in de context van onze tijd.

Op het gebied van deze zogeheten 'herbronning' is de afgelopen decennia in de monastieke wereld buitengewoon veel serieus werk verricht, dat echter in menig geval ook nog ligt te wachten om daadwerkelijk ter hand te worden genomen.

In zekere zin zijn trouwens ook aan de 'afgeleide' geloften van kuisheid, armoede en gehoorzaamheid (mits goed verstaan) een plaats te geven in andere vormen van samenleven en samenwerken. De gezinssituatie fleurt er meestal niet van op wanneer de ouders er hele reeksen wisselende intieme contacten op nahouden, wanneer ouders en kinderen elkaar voortdurend het bezit van dingen betwisten (al was het maar de afstandsbediening van de tv), wanneer in de besluitvorming de ouders inconsistent zijn en/of gewiekst tegen elkaar worden uitgespeeld of omzeild.

Ook een school of bedrijf vaart er niet wel bij wanneer kliekjes en andere 'stelletjes' hun deelbelangen laten prevaleren, wanneer mensen hun particuliere of groepsclaims leggen op de 'goederen' van de instelling (en daar stiekem een maximum aan persoonlijk profijt uithalen), wanneer besluiten stilletjes of openlijk worden gesaboteerd en ontregeld.

Het positieve complement hiervan is dat gezinnen, instellingen en bedrijven juist gedijen bij een open en volgehouden *commitment* aan het geheel, een wijze van omgaan met spullen en goederen die dit gezamenlijke *commitment* bevordert, een situatie waarin alle neuzen meestal op heel verschillende wijze toch dezelfde kant op staan, want gericht op dezelfde kern: een affectief verbonden groep mensen die elkaar dierbaar zijn, een levende school die mensen tot groei en bloei wil brengen, een financieel én sociaal renderend bedrijf waarin mensen hart hebben voor de zaak en elkaar.

Zo kunnen ook bij deze vormen van samenleven de juiste vormen van 'kuisheid', 'armoede' en 'gehoorzaamheid' prima worden gebruikt. Zoals omgekeerd onjuiste vormen van 'kuisheid', 'armoede' en 'gehoorzaamheid' er net zo desastreus kunnen uitwerken als in het monastieke leven: wanneer ik verkrampt terugschrik voor iedere vorm van affectie voor een andere vrouw dan mijn echtgenote, wanneer een schoolleiding na afloop van een moeilijk fusieproces uit misplaatste zuinigheid niet een feestelijke en verbroederende maaltijd durft aan te richten met de nieuwe collega's, wanneer een manager door een waar schrikbewind en opgelegde kadaverdiscipline elke creativiteit in zijn bedrijf de nek omdraait.

Nog sterker dan de zojuist genoemde 'afgeleide' geloften zijn de oorspronkelijke benedictijnse geloften van *stabilitas, conversatio morum* en *obedientia* vruchtbaar te vertalen voor vormen van samenleven en samenwerken buiten het klooster.

Stabilitas: erbij blijven, niet weglopen

De gelofte van de *stabilitas* heeft met een volgehouden en bestendig *commitment* van doen. Na een lang proces van voorbereiden en meedoen heeft de monnik of moniale in vrijheid besloten volledig 'ja' te zeggen tegen het leven volgens de *Regel* en onder een abt in een bepaalde gemeenschap. Dit *commitment* dient vervolgens serieus genomen te worden. Omdat zo'n monastieke kloostergemeenschap meestal ook op één bepaalde plaats was gevestigd en zoveel mogelijk zelfstandig in de eigen behoeften kon voorzien, spreekt men ook van de *stabilitas loci*: bestendigheid van plaats. Dat betekende overigens oorspronkelijk *niet* dat men er nooit 'uit' mocht: wanneer het in het belang van de *gemeenschap* of voor de individuele persoon *als monnik* nodig was dat men een tijd buiten het klooster verbleef, dan was daar niets mis mee. Het ging erom dat men gecommitteerd was en bleef aan de gemeenschap en de abdij waarvoor men gekozen had. Benedictus begreep goed dat dit een essentiële voorwaarde is voor een vruchtbaar en heilzaam gemeenschapsleven. Dat lukt niet wanneer voortdurend ronddrijvende monniken eens even komen aanleggen, mensen zich een beetje committeren maar toch de optie open willen houden weg te lopen als het wat tegenzit of tegenvalt. *Stabilitas* is dus in een eerste en voor de hand liggende zin: bij je gemeenschap blijven en niet weglopen van de context waarvoor je gekozen hebt.

Maar dit gaat natuurlijk veel verder dan bestendigheid van plaats en trouw bij de groep blijven. Het gaat erom dit volhouden niet met de tanden op elkaar te doen omdat je je nou eenmaal contractueel of anderszins verplicht hebt, maar om de bestendigheid van een *commitment* dat je *van harte* hebt gegeven. Ook dat *van harte* moet volgehouden worden, geduldig, ook bij teleurstellingen en pijn – die in elke vorm van samenleven en samenwerken onvermijdelijk zijn. Ik hoorde eens van een ervaren monnik hoe hij na een aanvankelijke tijd van warm enthousiasme en spirituele groei en bloei gedurende een periode van meer dan tien jaar niets meer voelde bij zijn persoonlijke gebed en tijdens de liturgie in de kapel. En dat zonder dat er duidelijke oorzaken waren aan te wijzen, zoals een verslechterd klimaat onder de broeders of een slecht spiritueel voorbeeld van de abt of andere leidinggevenden. Het was een periode van grote geestelijke dorheid. 'Toen leerde ik wat *stabilitas* is: vol vertrouwen en geduldig volhouden. En op een dag, God weet waarom, begon het weer te stromen.' *Stabilitas* is volhouden, zelfs wanneer dit opnieuw gaan stromen helemaal niet gegarandeerd is, wanneer het er zelfs naar uitziet dat het *nooit* meer goed komt.

Een ander woord voor de door Benedictus bedoelde bestendigheid is *trouw*. Trouw is eveneens niet statisch – een eenmaal uitgesproken en vastgelegde belofte – maar een beweeglijke deugd: een levenslange weg, waarin je identiteit gelijk opgaat met de bereidheid bij het andere en de andere(n) te blijven, ook als die veranderen (minder mooi, saaier dan eerst, ziek worden, moeilijk worden enzovoort). Trouw kan heel hard zijn, maar kan soms onverwacht je werk of relatie een nieuwe impuls geven. In moeilijke situaties is dan ook een speciaal luistertalent nodig, dat gevoelig kan opvangen wat er wél kan, waar kansen liggen, hoe je daar creatief mee om kunt gaan. Terwijl het de natuurlijke neiging is om je te fixeren op wat er mis is, wat er niet kan, waar de ander op slot lijkt te zitten, een vorm van fixatie die gemakkelijk tot enigerlei vorm van 'weglopen' leidt, uiterlijk of innerlijk. Want het is natuurlijk heel goed mogelijk je uiterlijk aan de *stabilitas* te houden, maar innerlijk weg te lopen, er feitelijk niet meer bij te zijn, hoewel je te midden van je broeders en zusters staat.

Er zijn zoveel mogelijkheden van wegdrijven van je aandacht, je *commitment* en je toewijding, zonder dat dat in een meer formele en uiterlijke zin geconstateerd kan worden. Je kunt tafel en bed met iemand delen en innerlijk grote afstand genomen hebben. De bestendigheid van het jawoord dat je eens gaf is verdwenen – maar al is een afstand nog zo groot, hij kan altijd wel door een klein woord, een klein gebaar weer een stukje worden verminderd.

Je kunt braaf op tijd als leraar in je klas komen, je les voorbereid hebben, de proefwerken hebben nagekeken, de orde redelijk handhaven, maar je hart ligt er niet meer in, de *spirit* is eruit. Je studeert niet meer in je vakgebied en ook anderszins doe je niet aan horizonverruiming. En wie zelf niet meer de intellectuele passie cultiveert, kan die bij anderen niet aansteken: een negatieve spiraal. Wat kan helpen om daar uit te komen ligt in sommige gevallen voor de hand: ga weer studeren in je vakgebied en verruim ook anderszins je horizon door je te oriënteren op bronnen van waarde. Reserveer bijvoorbeeld elke dag een halfuur voor verdieping van je professionaliteit en maak een kwartier vrij waarin je aandachtig stilstaat bij iets wat je mooi vindt: poëzie, muziek (niet als achtergrond natuurlijk), een spirituele tekst – wat dan ook, als het maar *waarde*vol is. En hou deze gewoonte eens een paar jaar vol. Je leerlingen zullen dit hernieuwde *commitment* merken.

Net als deze leraar hebben ook monniken in hun dagorde vaste momenten voor studie en geestelijke (= horizon verruimende) lezing. Dat dit dagelijks moet gebeuren toont dat de *stabilitas* of bestendigheid geen statische maar een dynamische deugd is. Elke dag biedt legio mogelijkheden voor weglopen, maar ook net zoveel mogelijkheden voor *commitment*. Ook opgevat als *stabilitas loci* kan deze deugd vertaald worden naar niet-monastieke situaties: het gaat erom te groeien en te bloeien waar je geplant bent, in deze situatie, in dit gezin, in deze organisatie waaraan je het jawoord hebt gegeven, *en niet ergens anders*.

Want hoeveel escapistische dagdromerij besteden we niet aan gedachten als: was het maar vast volgende week, ik wou dat dit al klaar was, werkte ik maar ergens anders, waren de kinderen maar vast de deur uit, had ik maar een andere partner, kon ik maar opnieuw beginnen... Niet alleen zijn deze dagdromen onrealistisch, want ze zijn strijdig met de situatie hier en nu, maar ze tappen aandacht en energie af, waardoor wat de situatie van ons vraagt onvoldoende respons krijgt. We zijn dan letterlijk onver*antwoord*elijk bezig.

Maar je kunt je oefenen om het optreden van dagdromen – en wie heeft ze niet? – beetje bij beetje aan banden te leggen, en gelijkertijd de aandacht als het ware om te keren en weer te richten op waar je mee bezig bent, of degene die je aandacht vraagt. Oefenen in erbij zijn kan geleidelijk vrucht dragen. Als je toch bij dat op het oog saaie college zit, hoewel je liever nog in je lekkere bed was gebleven, kun je net zo goed aandachtig meedoen. Wat met aandacht gedaan wordt, wordt vanzelf al wat minder saai, en wanneer je door je betrokkenheid en de geleidelijk gewekte interesse tot een relevante vraag komt, kan dat de docent en je medestudenten prikkelen tot verhoging van de eigen wakkerheid en aandacht.

In elke context kan wel op enigerlei wijze geoefend worden in het erbij zijn, in de kleine trouw aan wat dit moment van je vergt: een telefoongesprek, je werk als onderhoudsmonteur aan een Boeing 747 van El Al, het bereiden van de maaltijd voor je gezin, je deelname aan de vergadering van de raad van bestuur, het contact met een collega tijdens een receptie, het plakken van een lekke fietsband. Voor al deze zaken geldt: de dingen gedijen bij onze aandacht – en wij gedijen dan tegelijk zelf ook beter.

Natuurlijk zal deze basale en weinig spectaculaire methode meestal geen wonderen bewerkstelligen, maar een kleine kwaliteitsverbetering is ook al meegenomen.

Conversatio morum: dagelijks verbetermanagement

Het dagelijkse oefenen om de schijnwerpers van het dagdromen af te richten en te wenden naar de zaak of de persoon die respons van je verwacht, is een voorbeeld van de invulling van de tweede benedictijnse gelofte: die van de *conversatio* (of *conversio*) *morum*, het veranderen van je gewoonten of levensstijl. Het voorbeeld van de leraar die vanuit het besef dat zijn *commitment* in een diepe crisis verkeert de gewoonte aanneemt om dagelijks een halfuur te studeren en een kwartier aandacht te schenken aan iets moois, illustreerde dit al.

Om eigentijds jargon te gebruiken: het gaat om *turn around management*, maar dan op een heel bescheiden microniveau, namelijk dat van jezelf. Maar wanneer je daar anderen mee kunt aansteken – want men merkt het als de chef opeens wél aandachtig luistert naar inbreng vanaf de werkvloer, wanneer een van de bouwvakkers wél zijn werkplek netjes achterlaat en de andere niet, enzovoort – dan zal deze benedictijnse aanpak van 'verbetermanagement' op microniveau een gezegendere uitwerking hebben dan wanneer de hele zaak 'op de schop gaat'.

In plaats van een onhaalbaar 'alles moet helemaal anders' sluit de benedictijnse gelofte van de *conversatio morum* aan bij wat antieke wijsgerige scholen leerden over de verandering van levensstijl: probeer het met kleine, haalbare dingen. Maak van deze kleine verbeteringen een gewoonte. In plaats van het laatste kwartier voor je naar bed gaat nog langs dertig tv-zenders te zappen (eigenlijk 'zonde' van je tijd), kun je dat kwartier ook luisteren naar mooie muziek. Je legt daarna een iets ander hoofd op het kussen. In het begin zul je je ertoe moeten zetten, maar na een tijdje gaat het vanzelf. Een academicus met een drukke managementfunctie – elk kwartier een ander klusje op het bord, waarvan de helft op dat moment niet kan worden opgelost, maar wel de aandacht vraagt – die klaagt dat hij aan geconcentreerd lezen helaas niet meer toekomt, kan zich aanwennen een halfuur eerder op te staan en die tijd te besteden aan studie. Dat pakt niemand je tijdens de rest van de soms zo onvoorspelbaar lopende dag meer af. En hou dit elke dag vol. Na een jaar ben je zelf verrast hoeveel boeken je met aandacht gelezen hebt. In ieders leven zijn zo wel een paar zaken te vinden waar dagelijks en successievelijk aan een beetje 'turn around' (of met een ouderwets woord: bekering) kan worden gedaan.

Net als bij de *stabilitas* gaat het bij de *conversatio morum* om een dynamische en op positieve groei gerichte levensstijl. Zeker, het kan geen kwaad slechte gewoontes af te leren, maar voorop staat het aanleren van haalbare *goede* gewoontes. Het gaat om een bescheiden maar vol te houden discipline van het dagelijks luisteren en gehoor geven aan wat er van je gevraagd wordt, om *gehoorzaamheid*.

Obedientia: aan elkaar gehoor geven

Het woord *obedientia* komt van *ob-audire*, wat een versterkte vorm van *audire* (= horen, luisteren) aanduidt. Het gaat, net als eerder bij het *ausculta*, om een extra goed horen, een heel aandachtig luisteren, ge-hoorzaam zijn.

Gehoorzaam zijn, dat klinkt ouderwets, en roept associaties op met knechtende situaties: met het verstand (en zeker het hart) op nul commando's uitvoeren, kadaverdiscipline, de ondergeschikten klein houden, jezelf als ondergeschikte klein maken, despotisme... Deze associaties komen niet zonder reden op, want we kennen genoeg voorbeelden waarin 'gehoorzaamheid' op een of meerdere van deze manieren gestalte kreeg en krijgt: in de gezinssituatie, in de klas, in de kerk, in het klooster, in het bedrijf, in de kamerfractie. Deze de vrijheid beknottende gehoorzaamheid is zelden een *zegen*, en zeker niet benedictijns. Alleen maar uitwendig respons geven – ondertussen inwendig mopperend – omdat de autoriteit dat beveelt, dat is niet van harte respons geven en in vrijheid je verantwoordelijkheid nemen. Een dergelijke vorm van gehoorzaamheid dooft de vele talenten die we hebben tot groei, door Lonergan zo mooi in kaart gebracht.

Ook de *obedientia* is een dynamische en op groei gerichte gelofte. Het gaat om het horen van het hart. Zoals het oog licht opvangt en het oor geluid, zo probeert wie met het hart luistert *zin* op te vangen, het zinnige in de situatie te bespeuren. Wanneer we zeggen dat we mensen en zaken ter harte nemen, dan is dat meer dan registreren wat we horen of anderszins vaststellen, dan willen we inderdaad openstaan voor het appèl dat een situatie of persoon op ons doet.

Wanneer de gehoorzaamheid zó wordt opgevat zou je kunnen stellen dat het tegenovergestelde ervan niet de ongehoorzaamheid is, maar de *absurditeit*, naar *ab-surdus*, absoluut doof voor iets zijn. Wanneer we zeggen dat iets absurd is, dan zijn we doof voor de zin ervan. Maar met een gevoelig, onderscheidend oor kunnen we ook in 'absurd' lijkende situaties een zinnig appèl opvangen, tot in het concentratiekamp toe – men leze Primo Levi en Alexander Soltsjenitsyn.

Gehoorzaamheid is geen beëindiging van de persoonlijke vrijheid, maar een beginpunt van bevrijding: het openmaken van de soms zo dikke bast om je 'ik' heen en je afstemmen op wie of wat je iets te zeggen heeft. Daar kan zeker ook bij horen dat je die ander als een autoriteit erkent: de meester in een bepaald ambacht, de rijpe mens die je kan begeleiden, een inzicht dat je oriëntatie biedt, de deskundige die van wanten weet, de

productiemedewerker op de werkvloer die jou als manager in contact brengt met de realiteit. Gehoorzaamheid is dan ook: je iets laten gezeggen, naar adviezen *willen* luisteren, het o, zo moeilijke opgeven van je eigenwijsheid. Gehoorzaamheid is allereerst een inwendige *positieve* respons, niet een uitwendig conformeren om straf en sancties te voorkomen. Respons geven loopt vaak gelijk op met jezelf tegelijkertijd verliezen én vinden. We voelen ons vaak op ons best wanneer we in strikte zin niet 'bij onszelf zijn', maar opgaan in wat ons interesseert, boeit of anderszins een beroep op ons doet. Dan bloeit leven op, en dan bloeien we zelf eveneens.
Ongehoorzaam zijn is in deze optiek niet simpelweg het niet conformeren aan instructies, regels, bevelen en commando's. Ongehoorzaam zijn is: geen respons geven, er niet bij zijn, signalen missen, kansen laten schieten – een vorm van spiritueel fout zitten dat we terecht met 'zonde' aanduiden.
(On)gehoorzaamheid in benedictijnse zin laat zich opnieuw gemakkelijk vertalen naar situaties buiten het klooster. Wanneer ik 's avonds de dag nog eens langsloop en kijk wat er bijvoorbeeld van mijn belofte van de *obedientia* terechtgekomen is, dan vraag ik me niet allereerst af of ik ook de regels van hogerhand braaf heb opgevolgd, maar of ik alert was op situaties waar een respons van mij werd verwacht. Luisterde ik tijdens die vergadering die ik voorzat écht naar de punten die anderen inbrachten, om zo tot een afgewogen en gedegen besluitvorming te komen, of had ik mijn besluit al klaar en was de zogenaamde consultatieronde van de medewerkers alleen een rituele dans? Ben ik wel aandachtig genoeg ingegaan op de signalen die mijn dochter gaf toen ze liet merken dat ze ergens mee zat, of stapte ik goedgemutst maar oppervlakkig snel over naar een minder gevaarlijk onderwerp? Nam ik de vragen van mijn studenten serieus of gebruikte ik ze slechts

als opstapje om mijn volgende eigen briljante punt te maken? Allemaal kansen voor de (on)gehoorzaamheid. Ik gaf trouwens opzettelijk voorbeelden waarin ik het zelf oppervlakkig gezien voor het zeggen had. Want de (on)gehoorzaamheid is helemaal niet alleen een aangelegenheid voor kinderen, ondergeschikten en lager geplaatsten. Ook voor de *abt* blijft de gelofte van de *obedientia* gelden. Wanneer in het klooster belangrijke besluiten genomen moeten worden, is het *zijn* beurt om heel aandachtig te luisteren naar wat de broeders naar voren brengen. Ook op andere plaatsen in de *Regel* wordt van de abt veel geëist waar het gaat om goed luisteren naar wat mensen en situaties van hem vragen. Gehoorzamen doe je niet alleen je superieuren. Ook de *chief executive officer* van een multinational, een topdirigent of een bisschop kan in deze zin de *obedientia* cultiveren. Sterker zelfs: naarmate zij in een bepaalde zin hun medewerkers, musici en diocesanen zien als 'hoog' te houden en op gepaste wijze te respecteren bronnen van waarde, waarnaar zij moeten luisteren, zal hun bedrijf, orkest of diocees beter floreren. En waar een bedrijf, orkest of diocees niet floreert, daar rijst het vermoeden dat de *chief executive officer*, dirigent en bisschop onvoldoende 'gehoorzaam' waren.

3. Enkele meer specifieke invullingen van de benedictijnse kunst van het luisteren

Gastvrijheid: iedere gast kan de Heer zijn

Een speciale vorm van gehoorzaamheid (als een aan elkaar gehoor geven) is de gastvrijheid. De *Regel* stelt in het begin van hoofdstuk 53 over het ontvangen van gasten: 'Alle gasten die aankomen, moeten ontvangen worden als Christus Zelf, want eens zal Hij zeggen: "Ik kwam als gast en gij hebt Mij ontvangen."' Vanuit het besef dat iedere gast de Heer kan zijn, wordt de portier opgedragen om zodra iemand aanklopt of een arme om hulp vraagt, te antwoorden met: 'God zij dank' (*Deo gratias*) of: 'Laten wij de Heer zegenen' (*Benedicamus Domino*).

Iedere gast kan dan wel de Heer zijn, maar de Heer kan er heel *shabby* uitzien. Je moet soms heel goed opletten en door heel wat héén kijken om in de ander de contouren van de Heer te zien. En zoals de ausculterende arts heel aandachtig moet luisteren om tussen allerlei ruis díé signalen op te vangen die om een adequate respons vragen, zo moeten wij in onze gesprekken met onze 'gasten' soms alle antennes uit hebben staan om de ander als bron van de geest te kunnen ervaren. We moeten er hard aan werken om een aandachtige ontvangstplek van de geest te zijn.

Dit klinkt vroom en veeleisend – en dat is het ook. Maar aandachtige gastvrijheid is gelukkig ook met kleine kwaliteitsimpulsjes te verbeteren en te cultiveren. Ze leent zich – zoals alles wat de moeite waard is – uitstekend voor de *conversio morum*. Twee alledaagse toepassingen van 'benedictijnse gastvrijheid' kunnen dat duidelijk maken: in telefoongesprekken en tijdens recepties.

Elk telefoongesprek is een kwestie van gastvrijheid, en dus van luisteren en respons geven – dat zou het althans moeten zijn. Maar onze spontane reactie als de telefoon gaat is om dat te ervaren als een storing, als een interruptie van ons werk of iets wat als belangrijker wordt ervaren, als het zich aanmelden van een binnendringer. We voelen ons wat geïrriteerd – en aan de andere kant wordt daar niet zelden op geanticipeerd: 'Stoor ik je? Heb je een minuutje voor me? Je hebt het zeker druk, komt het wel gelegen?' Onze irritatie en ons ongemak hebben soms een fysieke uitwerking: wanneer we de hoorn neerleggen zien we de afdruk ervan nog in onze hand staan. Dit kan ook (een beetje) anders. Een telefoongesprek aannemen is een kans om een gast te ontvangen. Als de telefoon gaat, wacht dan even met opnemen, en wel om je innerlijke houding een beetje te veranderen: van irritatie in de richting van gastvrijheid. Om me daarbij te helpen spreek ik vaak een kleine mentale 'zegenbede' over mijn nog onbekende gast uit: *Benedicamus Domino* – want het zóú de Heer kunnen zijn. Mijn verandering van houding, hoe bescheiden die ook gelukt is, zal aan de andere kant van de lijn een klein beetje gevoeld worden. De conversatie zal er een iets andere toon en inhoud door krijgen.

Recepties zijn bedoeld als een gastvrije ontmoeting met ruime kansen voor luisteren en respons geven – en meestal worden die kansen gemist. Wie kent niet het fenomeen dat ik maar gemakshalve aanduid als de 'receptieblik'? Je bent in gesprek met iemand tijdens een receptie, maar het valt je op dat diens blik wat *out of focus* is omdat hij enkele graden *naast* je kijkt in de richting van iemand die belangrijker is dan jij, met wie hij eigenlijk veel liever zou willen praten. Wanneer dat nieuwe gesprek dan wordt aangeknoopt, gebeurt waarschijnlijk hetzelfde. Wie het verschijnsel van de 'receptieblik' nog niet heeft ervaren, staat vast meestal zélf net voorbij een gesprekspartner kijkend gericht naar een belangrijker contact. Want geregeld neem ik op recepties de vrij absurde situatie waar dat *beide* partners in wat een conversatie beoogt te zijn, staan te zoeken naar andere personen die interessanter zijn. Ook deze absurde situatie leent zich goed voor een kleine injectie met benedictijnse kwaliteit: door de blik weer enkele graden terug te zwenken (*conversio* in letterlijke zin) en te concentreren op de persoon met wie je spreekt. De aandacht concentreert zich dan als vanzelf mee: wanneer je iemand écht aankijkt ga je als vanzelf échte vragen stellen, écht luisteren, interesse krijgen, respons geven. Het gesprek zal aan kwaliteit winnen – misschien maar een beetje – en wellicht werkt de eigen *conversio* aanstekelijk. Je gespreksgenoot zal je aandacht en interesse opmerken en zich mogelijk meer concentreren op degene met wie hij praat.

Het is niet moeilijk om vele analoge kansen voor luisterende gastvrijheid te noemen en uit te werken: bij het voeren van sollicitatie- en functioneringsgesprekken (wie daaraan leiding geeft, dient altijd een 'stethoscoop' bij zich te hebben), tijdens vergaderingen (hoe zelden wordt daarin aandachtig naar elkaar geluisterd), bij het contact met nieuwe collega's na een fusie, bij het verwelkomen van je nieuwe directeur of bisschop (opnieuw: stethoscoop meenemen!).

Besluitvormend overleg

Een vergadering is inderdaad een goede gelegenheid om de kunst van het luisteren te cultiveren. De praktijk is natuurlijk anders: er wordt heel wat vergaderd in de meest uiteenlopende organisaties, en daarbij wordt nauwelijks naar elkaar geluisterd. Men hoeft de eigen ervaring maar eens na te gaan: hoe zeldzaam is het niet dat een van de deelnemers aan een vergadering met een bepaald standpunt de bijeenkomst binnenkomt en dat standpunt ook uiteenzet en verdedigt, maar na aandachtig luisteren naar wat anderen inbrengen meedeelt zijn standpunt te herzien omdat een door een ander te berde gebracht voorstel veel beter is? Zo'n verandering (opnieuw een vorm van *conversio*) zou eigenlijk heel normaal moeten zijn – een vergadering is er toch voor om in gezamenlijk gesprek tot de *beste* en niet zozeer tot *mijn* oplossing te komen – maar zal door velen worden ervaren als 'op je bek gaan', als een nederlaag.

Onze gebruikelijke houding in een vergadering is namelijk heel anders. We zitten te wachten tot *ons* punt aan de orde komt, en dán willen we scoren. Of we zitten te loeren hoe we onverwacht de poten onder de stoel van onze tegenstander vandaan kunnen trekken. Of we zoeken sluw naar procedurele mogelijkheden om alsnog onze gram te kunnen halen als het inhoudelijk niet lukte. Een vergadering is vaak eerder een arena dan een aandachtig beraad van mensen die gezamenlijk iets ter harte gaat – al wordt graag de schijn daarvan opgehouden: 'We hadden toch afgesproken dat...'; 'Alle neuzen staan dezelfde kant op'; 'Vanuit ons *mission statement*...'

Ook in een abdij vindt geregeld besluitvormend of besluitvoorbereidend overleg plaats. Over de wijze waarop dat moet gebeuren geeft Benedictus enkele tips die heel breed bruikbaar zijn: 'Telkens als er in het klooster iets belangrijks gebeuren moet, roept de abt de gehele gemeente bijeen en zegt dan zelf waarover het gaat. Terwijl hij luistert naar de raad van de broeders, denkt hij zelf over de zaak na en doet dan wat hij het nuttigst oordeelt. De reden nu waarom wij hebben vastgesteld, dat allen voor het beraad bijeengeroepen moeten worden, is dat de Heer vaak aan een jongere openbaart wat het beste is.' (Uit hoofdstuk 3 – over het beraad van de broeders.)

Men kan zich goed voorstellen dat in het *Regel*-exemplaar van menig novice (aspirant-monnik of -moniale) juist deze laatste zin is onderstreept...

Als we deze tekst aandachtig lezen, dan vallen meerdere elementen op. 'Telkens als er iets *belangrijks* gebeuren moet roept de *abt* de *gehele gemeente* bijeen.' Met andere woorden: minder belangrijke zaken kan de abt alleen wel af, al dan niet bijgestaan door enkele leden van zijn managementteam (prior, econoom, novicemeester). Maar hoe belangrijk een zaak is –

anders gezegd: hoe meer het *belang* van de hele gemeenschap ermee gemoeid is – hoe groter de kring dient te zijn die door de abt wordt geconsulteerd. Hoe ánders dan wat veelal in de praktijk van bijvoorbeeld het bedrijfsleven gebeurt – en trouwens ook daarbuiten. Daar lijkt de kring waarin besluiten worden genomen juist *kleiner* te worden naarmate de kwestie *belangrijker* is: bij fusies, bij een beursgang, bij een omvangrijke reorganisatie is vaak alleen het management-team of alleen de raad van bestuur of uiteindelijk alleen de voorzitter daarvan gespreks- en onderhandelingspartner. Daar kunnen best valide redenen voor zijn, maar voor Benedictus' aanpak is een heel sterke grond. Juist door de kring van consultatie te vergroten, vergroot je ook het *commitment* van degenen die het belangrijke besluit straks moeten dragen en uitvoeren. En dat *commitment* zal des te groter zijn naarmate men uit ervaring weet dat een dergelijke consultatie ook serieus gebeurt – dat de abt ook werkelijk *luistert*. Voor leiderschap is een extra luistertalent nodig, en ook het vermogen om onderscheid te maken tussen zaken die een kleine kring aankan en zaken waar een bredere consultatie op haar plaats is.

'... en zegt dan *zelf* waarover het gaat.' Hoe groot is niet de verleiding om dat *niet* te doen? Het is als eindverantwoordelijke gemakkelijk om een lagere in de rangorde aan te wijzen om te zeggen waar het om gaat. Dat heeft twee voordelen: als het voorstel niet goed aankomt gaat die ander 'op zijn bek', en bovendien bespaart het hem de moeite om de zaak vooraf goed te overwegen. Een andere tactiek is om slechts vaag enkele contouren te schetsen en dan te hopen dat in de gedachtewisseling voldoende bruikbaars opduikt om in een voorstel te verwerken waarvoor een meerderheid te vinden is. Benedictus kijkt hier anders tegen aan. De abt moet goed voorbereid het beraad ingaan, na bovendien eerst overwogen te hebben of de

aangelegenheid belangrijk genoeg is om de *hele* gemeenschap over te raadplegen. Hij dient dan zelf te zeggen waar het om gaat: wat is de kwestie? Wat is daar belangrijk aan? Binnen welke voorwaarden dient naar een oplossing te worden gezocht? Welke oplossingsrichtingen stelt de abt zich voor?
'Terwijl hij luistert naar de raad van de broeders...' Nu is het aan de abt om te *luisteren*: *audiens consilium*... Het is niet gemakkelijk om na het uiteenzetten van je standpunt je oren werkelijk open te zetten en de expliciete en impliciete signalen op te vangen die waardevol kunnen zijn voor je besluitvorming. Hoe verleidelijk is het niet om iedereen weliswaar zijn zegje te laten doen, maar daar niet werkelijk bij te zijn (*inter-esse*) en straks zo te 'besluiten' dat andere opinies voor de vorm worden meegenomen, maar dat je toch daar uitkomt waar je al voor de consultatie wilde zijn? Het luisteren van de abt moet net zo serieus zijn als dat van de leerling in de eerste zin van de *Regel*: het moet hem aan het denken zetten.
'... denkt hij zelf over de zaak na...' – de Latijnse tekst *tractet apud se* laat nog duidelijker uitkomen dat dit niet alleen een afstandelijk 'cognitief' overwegen is, maar dat de abt er zélf en van harte bij betrokken moet zijn.
'... en doet dan (*fecit*) wat hij het nuttigst oordeelt.' We zien hier de drieslag van de eerste zin van de *Regel* terug. Daar was het: aandachtig luisteren, van harte instemmen en daadwerkelijk uitvoeren. Hier: naar raad luisteren, overwegen en besluiten tot handelen. En wel een handelen dat het 'nuttigst' is, dat wil zeggen: een handelen dat het meest bijdraagt aan de groei en bloei van de gemeenschap. Naar *iedereens* raad luisteren krijgt een interessante nadere kwalificatie: 'De Heer openbaart vaak aan een jongere wat het beste is.' Inderdaad is het altijd de moeite waard om aandachtig naar het advies te luisteren van wie nieuw en fris in je organisatie zijn, die nog

niet te veel gehinderd zijn door de gebaande paden en interne *mores*. 'Jong' hoeft zeker niet alleen qua leeftijd gezien te worden. Soms zijn er oudgedienden die 'fris' gebleven zijn, of liever: die zich fris gehouden hebben door geregeld te werken aan de eigen horizonverruiming.

De zojuist geschetste besluitvorming is niet democratisch. De leider moet na een zorgvuldig consultatieproces zélf de verantwoordelijkheid nemen en dragen voor zijn besluiten. Hij kan zich niet verschuilen achter een meerderheid van stemmen. En evenmin achter een niet-weten van alternatieve mogelijkheden, want die zullen tijdens een zorgvuldig consultatieproces zeker aan de orde geweest zijn. Dit is bestuurlijke verantwoordelijkheid in *optima forma*: jíj moet de juiste respons geven op wat de situatie en de organisatie van je vragen – en pas dan ben je ook aanspreekbaar.

Niet mopperen

Wanneer er slecht geluisterd wordt, hetzij door de monnik, hetzij door de abt in een proces van consultatie, dan resulteert dat niet zelden in een klimaat van mopperen. Luisteren heeft namelijk een complement: mopperen. Zoals gehoorzaamheid een positieve houding is om al te willen luisteren voordat er gesproken wordt, zo is mopperen een manier van negatief spreken nog vóórdat er aandachtig geluisterd is, of ook ómdat er niet aandachtig geluisterd is.

Mopperen beschouwt Benedictus als een ernstige zonde, maar liefst twaalfmaal wordt in de *Regel* de *murmuratio* genoemd als een ernstige bedreiging van de gemeenschap. Mopperen werkt in een organisatie als een langzaam en onderhuids werkend sociaal gif. Mopperen vertroebelt visie, tapt energie af en tast het hart aan. Dat geldt zowel voor het 'inwendig' als voor het 'uitwendig' mopperen. Wie inwendig aan het mopperen en malen is kan niet meer helder zien en luisteren – want er is al een andere stem aan het woord, men heeft zijn aandacht en energie dan vooral op iets anders gericht dan op datgene wat hier en nu te doen is, en men kan datgene zo ook niet meer 'van harte' doen. Het uitwendige mopperen is nog schadelijker, want dat verspreidt zich als door een ongeregelde celdeling – niet voor niets spreken we in dit verband van 'kankeren'. De mopperaars zoeken elkaar op, versterken elkaar, infecteren anderen: zand en vergif in je organisatie. Kankeren heeft namelijk zijn eigen uitzaaiingen: half werk verrichten, traineren, anderen laten wachten – dé wapens waarmee ondergeschikten indirect hun bazen aanpakken. In het volgende hoofdstuk over benedictijns leiderschap wordt hierop nog teruggekomen.

Gelukkig bestaat er een tegengif tegen het mopperen: de *blijmoedigheid*. Misschien een wat ouderwetse en naïef overkomende term. *Van Dale* geeft onder meer als betekenissen 'opgeruimd van geest', 'opgewekt' (als tegenovergestelde van 'neerslachtig'), 'leed en tegenspoed aanvaardend'. Deze laatste betekenis zegt al dat het niet gaat om een opgeschroefd optimisme, dat blind is voor wat er mis en moeilijk is. Blijmoedigheid heeft met 'moed' te maken – een karakterhouding die niet nodig is wanneer alles gladjes verloopt, maar pas wanneer er sprake is van barrières, tegenslag, zorg en onzekerheid.

Benedictijnse blijmoedigheid – als tegengif tegen de *murmuratio* – is een wijs samengaan van aandachtig luisteren (zonder de oren te sluiten voor wat minder aangenaam klinkt), van consultatie (ook van de zwakken, de ouderen, de 'kneusjes', de marginalen, de stillen, en vooral ook de mopperaars), van waardige opgewektheid, van een opmonterend woord, speciaal in moeilijke omstandigheden. Een dergelijke blijmoedigheid is een langzaam werkend sociaal balsem, een elixer dat weer kracht schenkt.

Hier is niets 'softs' aan, zoals spiritualiteit niet 'soft' behoort te zijn (en als dat wél zo is, dan is dat een signaal voor de gebrekkige kwaliteit ervan). Spiritualiteit heeft van doen met levenselan, levensoriëntatie en levensinrichting[9], en dat is precies wat deze blijmoedigheid beoogt: ook in moeilijke situaties een aanstekelijk en voorbeeldig elan tonen, oriëntatie bieden, de situatie nieuw en anders onder ogen zien. Dan houdt men onverwacht stand tegen een overmacht, blijkt een onmogelijk lijkende klus toch te klaren te zijn, blijkt een doolhof toch een uitgang te hebben, blijkt er meer in je te steken dan je eigenlijk had gedacht.

Iedereen kent wel voorbeelden van dit soort situaties en van de mensen die inspireren tot méér, tot zelftranscendentie: de dirigent die zijn mensen letterlijk op het puntje van hun stoel laat spelen, de manager die met een *smile* én goed voorbeeldgedrag zijn medewerkers zaken voor elkaar laat krijgen die ze onder een bullebak niet eens of hoogstens half begonnen zouden zijn, de lerares die een klas pubers doet vergeten dat het 'les' is en met passie en overgave laat werken aan een écht probleem. Je vraagt je dan wel eens af: wat is hun geheim? Met op de achtergrond misschien het heimelijke verlangen dit geheim te ontraadselen om er je eigen voordeel mee te doen door hun succes te imiteren. Maar ook op dit terrein geldt: imitatie is niet écht. Je medewerkers hebben vlug in de gaten of die *smile* van je geworteld is in échte blijmoedigheid of alleen de namaakvrucht is van een seminar over *management tools*. Échte vruchten zijn altijd rustig gegroeid en gerijpt. Toch kan het leerzaam zijn te overwegen wat die inspirerende dirigent, die blij-moedige manager en die meesterlijke lerares fris en motiverend houdt. Hoe komen ze aan hun eigen elan? Waaruit putten zij hun levensoriëntatie? Hoe uit zich dit in hun levensinrichting, hun levensstijl?

Als je deze vragen aan deze mensen zélf stelt – en ik heb dat verschillende keren onder gunstige omstandigheden kunnen doen – dan krijg je zeer uiteenlopende antwoorden. Maar die antwoorden hebben iets gemeenschappelijks: op de meest diverse manieren cultiveert men de voorwaarden van de eigen *groei*. Want net zoals in de natuur groei niet kan worden afgedwongen, kan men wel de voorwaarden cultiveren (of verwaarlozen) waarbinnen groei mogelijk is.

Die dirigent verdiept zich steeds grondig in de cultuur waarin een muziekstuk geworteld is waaraan hij nieuw begint: hij leest romans, poëzie, filosofie, geschiedenisboeken. Zo maakt hij zijn horizon ruimer dan die van de partituur en de muzikale professionaliteit alléén. Managers van grote organisaties die ik vroeg naar hun 'spiritualiteit' kwamen met eigen manieren om hun *spirit* fris te houden. De een leest voor het naar bed gaan – hoe laat ook – altijd precies één uur iets moois of inspirerends. De ander staat een uur eerder op dan eigenlijk nodig is en maakt – weer of geen weer – een strandwandeling. De bestuursvoorzitter van een grote, beursgenoteerde onderneming houdt bijen (hij is gediplomeerd imker) en schapen – en dat vergt dagelijkse inspanning en aandacht. De lerares cultiveert haar eigen vakgebied (een zeldzaamheid onder leraren): ze studeert, publiceert, volgt postacademische cursussen aan buitenlandse universiteiten. En ze schildert iconen.
Welke gemeenschappelijke elementen vallen op? Men werkt aan de eigen horizonverruiming, men zoekt situaties waarin stilte en bezinning kunnen gedijen, men legt contact met bronnen van waarde – en dat niet incidenteel, maar regelmatig. Benedictus zou hierbij instemmend knikken. Dit is

precies wat hij beoogt met de *dagelijkse* geestelijke lezing die hij zijn monniken opdraagt, de *lectio divina*.

De lectio divina: in contact blijven met bronnen van waarde

Lectio divina is het volstrekt tegenovergestelde van het met een groene markeerstift diagonaal *scannen* van een tekst, om eventjes snel díé trefwoorden en aandachtspunten zichtbaar te maken die voor onderhandelingen of een vergadering belangrijk kunnen zijn. Daarna kun je ze weer vergeten. De geestelijke lezing die Benedictus zijn monniken voorschrijft had in de oude kloosters juist onder meer de intentie teksten *by heart* te leren, zoals de treffende Engelse uitdrukking luidt. Het gaat bij *lectio divina* om een *heel langzame lezing* van een tekst, bij voorkeur hardop, zodat je de woorden echt in de mond neemt en proeft. Er wordt gelezen tot een woord of frase je *raakt*, tot je iets beluistert waaraan je als het ware blijft haken. Dit woord of deze frase wordt hardop herhaald, als het ware herkauwd. In het Latijn heet dit proces *ruminatio* – gewoon wat je koeien op een rustig plekje ziet doen, het product van een eerste verteringsproces gereedmaken voor de volgende fase in de transformatie van grassen in melk. In tussenpozen wordt rond dit woord of deze frase geassocieerd: wat zegt het me? Wat raakt me erin? Waarom raakt het *mij*? Wat zou het *in mijn context* kunnen betekenen? Hoe zou ik hier vruchtbaar *respons* op kunnen geven? Het gaat er als het ware om zo'n tekst van alle kanten te bekloppen en met de stethoscoop te beluisteren – niet uit vrijblijvende interesse, maar om er adequaat respons op te geven. Met de *ruminatio* wordt geprobeerd om een maximum aan voedzame sappen uit een stukje tekst te kauwen. Dan wordt er weer langzaam verder gelezen, totdat je vermoedt weer bij iets voedzaams aanbeland te zijn.

Het gaat hier om een transformatieproces, en wel in een *dubbele* betekenis: de tekst wordt getransformeerd – want overgebracht en 'omgezet' naar mijn context, én de lezer wordt veranderd. Soms maar een beetje: ik moet deze kwestie ánders onder ogen zien. Mijn reactie jegens die persoon zou wel een beetje ánders kunnen worden. Soms ook kan een tekst zodanig onverwacht voor je opengaan, dat een innerlijk vergezicht zich toont waarin je als het ware een tijdje blijft 'hangen'. In de monnikenliteratuur spreekt men wel over de vier fasen of trappen van de *lectio divina*: de *lectio*, de *meditatio*, de *oratio* (gebed) en de *contemplatio*. Vertaald: langzame lezing tot je blijft haken, herhaling en associatie, respons geven, en met open mond en dankbaar in de diepte of in de verte kijken.

Deze vier fasen van toenemende verdieping worden natuurlijk lang niet altijd doorlopen. Vaak zal het gewoon om stug volgehouden *lectio* en *meditatio* gaan. Dat zijn ook de enige fasen waaraan je kunt *werken*. Of een woord of frase je zodanig aanspreekt dat van harte respons gegeven kan worden, is maar afwachten geblazen (een monnik definieerde zijn gebeds-meditatie eens als 'zitten wachten'). En onverwachte vergezichten kun je niet organiseren. Een tekst kan bovendien heel wat distels bevatten. Een tekst kan aardig op slot zitten, en de lezer trouwens ook. 'Die tekst zegt me (nog) niks,' zal vaak de reactie zijn. Benedictus zou zeggen: 'Heb je wel aandachtig genoeg geluisterd? Heb je je stethoscoop wel gebruikt? Was het *alleen* maar ruis dat je hoorde?' Een kerkvader zoals Augustinus van Hyppo moet een meester in de *lectio divina* geweest zijn. Als je zijn psalmcommentaren leest, opent zich vergezicht na vergezicht. Een eigentijdse evenknie is de dichter Gerrit Komrij, die meesterlijk regeltje voor regeltje van een gedicht zódanig kan belichten dat de tekst werkelijk voor je *opengaat*.[10] Wat een rustig volgehouden aandachtige lezing moet hieraan vooraf zijn gegaan!

De lees- en meditatiehouding bij de *lectio divina* doet denken aan de drieslag van de eerste zin van de *Regel*: aandachtig luisteren, van harte instemmen, daadwerkelijk respons geven. Ook kun je er de drie geloften in zien: *stabilitas,* rustig volhouden, *conversio morum,* transformatie, en *obedientia,* gehoor geven.

Zo'n dagelijks volgehouden contact met bronnen van waarde kan ook buiten de kloostermuren vruchtbaar en inspirerend zijn. De bronnen van waarde kunnen heel uiteenlopend zijn: teksten, afbeeldingen, muziek, de natuur... Je kunt er levenselan uit putten, levensoriëntaties in aantreffen, opgeroepen worden tot een andere levensinrichting. Cultivering van dit contact biedt horizonverruiming en schept de voorwaarden voor groei en wasdom.

Heel treffend wordt dit inzicht uitgedrukt in *Psalm 1*, die zich (zoals alle *Psalmen*) heel goed voor de *lectio divina* leent. Daarbij kan het vaak verruimend zijn om meerdere vertalingen naast elkaar te overwegen. Als indicatie van wat zo'n herhaalde aandachtige lezing bij je op kan roepen – uiteraard een persoonlijke respons – laat ik de Nederlandse vertaling van Ida Gerhardt en Maria van der Zeijde volgen, alsmede de 'verduitsing' van Martin Buber, met daarna enkele overwegingen.

Psalm 1

De man die gekozen heeft

Gelukkig de man die niet treedt
in het overleg van de bozen,
op de weg van de schenders geen voet zet,
niet zit in de kring van de spotters;
die veeleer in de wet van de Heer zich vermeit,

Zijn wet overpeinst dag en nacht.
Als een boom is hij, wortelend waar water stroomt,
die vrucht draagt in het seizoen:
zijn gebladerte zal niet verdorren.
Tot ontplooiing komt al wat hij doet.
Hóe anders de bozen! Zij zijn
als het kaf: de wind blaast het weg.
Zie, geen boze bestaat het gericht,
geen schender de raad der rechtvaardigen.
Want de Heer kent de weg der rechtvaardigen,
doch het pad van de bozen breekt af.

O Glück des Mannes,
der nicht ging im Rat der Frevler,
den Weg der Sünder nicht beschritt,
am Sitz der Dreisten nicht saß,
sondern Lust hat an Seiner Weisung,
über Seiner Weisung murmelt tages und nachts!
Der wird sein
wie ein Baum,
An Wassergräben verpflanzt,
der su seiner Zeit gibt seine Frucht,
und sein Laub welkt nicht:
was alles er tut, es gelingt.
Nicht so sind die Frevler,
sondern wie Spreu, die ein Wind verweht.
Darum bestehen Sünder nicht im Gericht,
Sünder in der Gemeinde der Bewährten.
Denn Er kennt den Weg der Bewährten,
aber der Weg der Frevler verliert sich.

a Gerhardt en Maria van der Zeyde geven hun vertaling van deze Psalm als motto mee: 'De man die gekozen heeft.' Dat 'heeft' verdient misschien nuancering: het gaat niet zozeer om één keuze voor eens en voor altijd; de mens komt dagelijks keuzemomenten tegen. Elk daarvan kan vruchtbaar zijn of doodlopen. Welke stappen zet ik? Waardoor laat ik me daarbij oriënteren? De metaforen van het 'stappen zetten' en het kiezen van de juiste 'weg' kleurt deze Psalm: 'de man die niet *treedt* in het overleg van de bozen', 'op de *weg* van de schenders geen *voet zet*', 'de Heer kent de *weg* der rechtvaardigen', 'het *pad* van de bozen breekt af'.

Voor een volk dat vertrouwd is met de woestijn is de juiste oriëntatie van levensbelang: de juiste route voert ergens heen, de verkeerde komt nergens aan, 'verliert sich'. Voor de levensoriëntatie geldt hetzelfde: er zijn oriëntatiebronnen van waarde, en er zijn richtingen die waardeloos zijn. Het gaat erom voldoende open te staan om in contact te komen met bronnen van waarde, deze te onderscheiden van wat waardeloos is, en steeds te kiezen voor een weg die vrucht draagt. Daarbij denk ik niet allereerst aan dramatische levensbeslissingen (die zijn er natuurlijk ook: je kunt radicaal beslissen te kappen met een waardeloze levensstijl en -context; je kunt je radicaal verbinden aan een levensstijl en -context waarin je kunt groeien en bloeien), maar aan de vele kleine keuzen die ik dagelijks maak, en die elk waarde of onwaarde, balsem of vergif kunnen 'injecteren' in het causale netwerk van mijn leven. Aandachtig luisteren naar een medewerker of door laten schemeren dat je wel iets belangrijkers te doen hebt, die brief schrijven naar iemand die het moeilijk heeft of de voorkeur geven aan dat toch best interessante tijdschriftartikel, je kinderen voorlezen voor het slapengaan of een kort nachtkusje omdat je het nog zo druk hebt, met een vriendelijk gebaar iemand laten invoegen in

de file of met gespannen kaken snel elk gaatje dichtrijden, een kwartiertje Bach voor het slapengaan of toch maar wat zielloos zappen langs waardeloze tv-programma's, in een stafbespreking aandacht schenken aan de sterke kanten en de groeimogelijkheden van een medewerker of spottend commentaar leveren bij wat deze verkeerd deed.
Het is opvallend dat in deze tekst de bronnen van onwaarde steeds *mensen* zijn: de bozen, de *Frevler* – die wrevelig zijn, wrevel oproepen, wrevel versterken – de schenders van wat waardevol is, de *Dreisten* – drieste figuren zonder gêne, de zondaars – zonde van je tijd, zonde van je keuze om je daartussen te mengen, de spotters en mopperaars. Die zoeken elkaar trouwens op: 'het overleg van de bozen', 'de kring van de spotters'. Het is soms heel verleidelijk om daarin je waardeloze steentje bij te dragen, of je eigen kringetje van mopperaars en spotters te beginnen.

En de bronnen van waarde? Die zijn ook personen en uiteindelijk met een Persoon verbonden. Waarvoor moet gekozen worden? 'De wet van de Heer.' Dat klinkt op het eerste gehoor niet aantrekkelijk. Maar het gaat hier niet om de wet in juridische zin, zoals het Wetboek van Strafrecht. Bubers vertaling van *Thora* in *Weisung* laat al zien dat het eerder om een 'richtingaanwijzer' gaat dan om een geheel van juridische regels waarvan de overtreding met sancties wordt bestraft. Het is dan ook een wet waarin je je 'vermeit': ' ... sondern *Lust* hat an Seiner Weisung,' je hebt er vreugde aan – want de 'wet' biedt oriëntatiepunten waarbij jij en datgene waarmee je verbonden bent kunnen gedijen. En die *Weisung* wordt ons altijd door anderen aangereikt: teksten – zoals deze psalm, muziek, voorbeeldfiguren, leraren, je kinderen. Het is goed te overwegen wat ze je aanreiken, daar niet vluchtig aan voorbij te gaan: 'die... Zijn wet overpeinst dag en nacht'. Dat 'overpeinst' klinkt me nog te intellectueel; bij Buber worden de woorden van waarden echt in de mond genomen: 'über Seiner Weisung *murmelt* tages und nachts'.

Kiezen voor wat waardevol is, dat is niet zozeer een kwestie van je braaf aan de regels houden. Deze tekst leert ons dat het gaat om *vruchtbaarheid*, die optreedt wanneer je je wortels uitstrekt naar waar 'water stroomt'. Dat mag een dagelijkse vraag zijn: was ik vandaag geworteld in stromend en levend water? Zoek ik dat ook? Wanneer ik signalen van verdorring bij mijzelf en anderen merk, reik ik mijzelf en hen dan op enigerlei wijze stromend water aan?

Dit is wel een noodzakelijke voorwaarde voor vruchtbaarheid, maar zeker geen garantie voor onmiddellijke groei en bloei: 'die vrucht draagt *in het seizoen*', of nog sterker bij Buber: 'der *zu seiner Zeit* gibt *seine* Frucht'. Vaak is veel geduld nodig; dat 'zu *seiner* Zeit' kan heel ver weg liggen, en bovendien moet gerespecteerd worden dat het gaat om '*seine* Frucht'. Een van de monniken van de abdij waarmee ik verbonden ben heeft zich meer dan vijf decennia dagelijks beziggehouden met miniaturen en teksten van Hildegard van Bingen. Dat leverde gaandeweg vruchtjes en inzichten op, maar pas na zijn tachtigste levensjaar had hij de ervaring dat er iets tot volle wasdom kwam dat ook voor vele anderen vruchtbaar was. En het was bovendien '*seine* Frucht', geen bijdrage aan de wetenschap, maar het associatieve en horizon verruimende standpunt van de kunstenaar. Ook op hoge leeftijd was dit gebladerte nog geenszins verdord. Bij het vers 'der zu *seiner* Zeit gibt *seine* Frucht' denk ik vaak aan deze Henri Boelaars – maar ik mompel het ook stilletjes wanneer uit een collega of dierbare nog niet die vruchten zijn gekomen die je zo van hen hoopt. En ook wanneer ikzelf een project vanwege andere prioriteiten nog eventjes of soms langer op de plank moet laten liggen. Het kan dan een 'ontstressende' en 'onthaastende' leefregel zijn: 'der zu *seiner* Zeit gibt *seine* Frucht'.

Wortelend waar water stroomt draag je vrucht in het seizoen, groei je uit. Maar wat wanneer je niet in contact met bronnen van waarde blijft? Dan zie je geen groei en bloei, dan ben je als het kaf dat de wind wegblaast. Niet zozeer als 'straf' uit de hoge, maar omdat wat uit je komt niet geworteld is, niet standhoudt, geen levenskracht bezit. Een ervaring die ik met velen zal delen: sommige van je projecten blijken los zand, je had ze onvoldoende verankerd, er zat geen echt leven in. Hele processen kunnen door je vingers heen lopen en op dood spoor raken.

Het slotvers van Psalm 1 laat goed zien dat het niet gaat om *externe* beloning of straf, maar om *intrinsieke* vruchtbaarheid of het gebrek daaraan. Aan het eind van het pad der bozen staat geen wraakengel met een vlammend zwaard; dit pad mondt uit in los zand, het pad breekt daar af: 'der Weg der Frevler *verliert sich*'. Zo verdwaal je.

En de weg van degenen die 'recht varen', de weg van de 'Bewährten' die zich op bronnen van waarde oriënteren? Ook daar geen beloning aan het eind. Vruchtbaarheid blijkt gaandeweg. Er staat slechts dat de Heer deze weg *kent* of, wat in het Hebreeuws synoniem is, dat de Heer deze weg *liefheeft*. Er wordt niet voorgeschreven, beloond en bestraft. We moeten zélf kiezen, en wel voortdurend, ons daarbij oriënterend op de bronnen van waarde die anderen je aanreiken. Het is je *eigen* weg die vruchten draagt of slechts wat kaf doet opdwarrelen. En als we eerlijk zijn: we zijn steeds *Bewährte* én *Frevler*, we zijn vruchtbaar én dor. Gelukkig biedt elke dag mogelijkheden voor *conversio morum*, voor kleine veranderingen van richting. Niet uit braafheid of conformisme, maar omdat we daar zélf beter bij gedijen. Dat zegt meteen het eerste woord van deze Psalm: '*Gelukkig* de man'; het is niet alleen een beschrijvende 'indicatief' – kijk eens naar deze mens die gelukkig goed gekozen heeft – het is eerder een uitroep: '*O*

Glück des Mannes...' Met een juiste keuze loopt de vreugde gelijk op. De keuze voor een geregeld contact met bronnen van waarde, bijvoorbeeld op de wijze van de *lectio divina,* is daar zelf een mooi voorbeeld van.

III
BENEDICTIJNS LEIDERSCHAP: MENSEN STIMULEREN TOT GROEI[11]

1. Leiderschap vergt extra luistertalent

Bij de kennismakingsronde als opening van een bezinningsweekend met een aantal ondernemers vroeg ik wat men aan tastbaars zou hebben meegebracht dat voor hen 'goed leiderschap' symboliseerde. Er kwamen uiteenlopende en interessante reacties. Er werd instemmend geknikt bij het beeld van het estafettestokje: je treedt aan in een situatie die al bestaat en krijgt zo een erfenis van wat in het verleden aan bedrijfscultuur is gegroeid. Te zijner tijd zul jij op jouw beurt het stokje overdragen, waarbij je natuurlijk jouw vingerafdrukken en stempel – mooi of lelijk – op het estafettestokje hebt achtergelaten. Een ander zou een busje koperpoets hebben meegenomen: ook een organisatie die er glansrijk voorstaat heeft dagelijks onderhoud nodig, soms heel basaal, om de zaak glanzend te houden.

Zelf zou ik een *stethoscoop* hebben meegebracht als symbool voor benedictijns leiderschap. De kunst van het luisteren staat in het benedictijnse leven voorop. Wie in de gemeenschap extra verantwoordelijkheid draagt, dient over extra talenten te beschikken waar het gaat om aandachtig luisteren en adequaat respons geven. De hoofdstukken in de *Regel* over de abt en de econoom (*cellarius*) van het klooster bieden in dit opzicht heel wat kleine maar elementaire adviezen voor iedereen die op enigerlei wijze extra verantwoordelijk is voor het 'leiden van zielen': als leraar, als ouders, als bisschop, als manager van wat dan ook.

Want leiding geven is uiteindelijk een kwestie van *geestelijk* leven. Je leidt processen, productiestromen, organisatienetwerken, kennis*transfer*, informatiestromen, netwerkvorming, *research and development* en welke termen zoal in eigentijds managementjargon worden gebruikt. Maar als je iets dieper gaat, dan komt het er steeds op neer dat men tracht 'zielen' te leiden en in beweging te zetten. Het is voor de leider overigens heel verleidelijk om juist *niet* dieper te gaan en zich op het uitwendige en organisatorische te storten en het echt luisteren, het echte gesprek en het echt respons geven uit de weg te gaan. Aan deze verleiding wordt gemakkelijk toegegeven, omdat het uitwendige en organisatorische gemakkelijker aan te pakken en te hanteren zijn dan het inwendige en het geestelijke – inclusief de geest van de leider zélf.

Het is net als met een onoplettende arts die bij een patiënt een griepje constateert dat later een flinke longontsteking blijkt te zijn, en die hem slechts behandelt met pijnstillende en koortswerende middelen. De goede arts hanteert zijn stethoscoop. Het is een hele kunst om tussen het geruis, het geklop en het gepiep aandachtig te onderscheiden of het om een bronchitis of een ontsteking gaat en vervolgens af te wegen wat de beste actie is.

Bij goed leiderschap gaat het om iets soortgelijks. Als er in de organisatie iets aan de hand is, is er grote alertheid nodig om de eerste symptomen daarvan te signaleren. Zet de stethoscoop erop en probeer tussen alle ruis op te merken wat er aan de hand is – trouwens, ook als de zaak er gezond voorstaat is het verstandig om aandachtig te luisteren en in gesprek te blijven om te weten wat er leeft. Vervolgens de juiste diagnose stellen is een kwestie van ervaring, prudentie, intuïtie en *sapientia* (de kunst van het 'proeven'). Soms komt het vanzelf wel goed, wanneer je je mensen de ruimte en de tijd geeft hun zaakjes zelf in orde te brengen. Soms is licht en verstandig bijsturen nodig. Soms ook zal een chirurgische ingreep nodig zijn, precies en ter zake, met een minimum aan letsel en bloedverlies en uitsluitend gericht op het heil van het organisme als geheel – datgene wat de geneesheer uiteindelijk in het vizier heeft.

Leiderschap heeft te maken met diagnostisch vermogen, met een visie op het geheel, en met het vermogen op anderen een zodanig appèl te doen, dat zij in beweging komen, letterlijk *gemotiveerd* raken. Dit 'leiden van zielen' stelt eisen aan de eigen ziel. In de hoofdstukken over de abt en de kellenaar in de *Regel* van Benedictus gaat het niet alleen en vooral over hun taken en bevoegdheden, maar ook en allereerst over de eigenschappen en groeimogelijkheden van hun *eigen* ziel. Hoe moet iemand in elkaar zitten én aan zichzelf werken (want de abt moet ook aan de eigen 'zielzorg' denken) om überhaupt leiding te kunnen geven? Bij theorieën over goed management komen meestal vragen aan de orde over *wat* dat is, *hoe* dat moet en *waarom*. Benedictus zou stellen dat daar nog een veel belangrijkere vraag aan voorafgaat: *wie* is het die leiding geeft?

2. De persoon van de abt

Het tweede hoofdstuk van de *Regel* brengt naar voren over welke eigenschappen de abt dient te beschikken. Het direct aansluitende hoofdstuk gaat over de wijze waarop deze de besluitvorming in het klooster leidt (waarop al eerder in dit boekje werd ingegaan). Hoofdstuk 64 gaat formeel over het aanstellen van de abt, maar bevat vooral een aantal aanvullende persoonskenmerken die Benedictus in een goede abt hoopt aan te treffen – al klinkt dat wellicht wat statisch: je kunt natuurlijk *groeien* in je leidinggevende functie.

In deze paragraaf wil ik aan de hand van fragmenten uit de hoofdstukken over de abt nagaan welke antropologische grondvoorwaarden in de visie van Benedictus met goed leiderschap samenhangen. Daarbij wordt dan steeds overwogen in hoeverre een en ander relevant zou kunnen zijn voor leidinggeven in andere contexten dan die van een abdij.

> Een abt die waardig is aan het hoofd te staan van een klooster, moet altijd bedenken hoe men hem noemt, en de naam van overste met daden waarmaken (2.1).

> Altijd moet de abt bedenken wat hij is, bedenken hoe men hem noemt, en hij moet goed weten, dat van hem, aan wie meer is toevertrouwd, meer wordt opgevorderd. Laat hij beseffen welke moeilijke en zware taak hij op zich genomen heeft: om namelijk zielen te leiden en zich dienstbaar te maken aan de gesteltenis van velen. De een moet hij met milde goedheid tegemoet treden, een ander met terechtwijzingen, weer een ander met overredingskracht, en zich zó volgens ieders geaardheid en bevattingsvermogen aan elkeen aanpassen en zich zó naar hem plooien, dat hij niet enkel aan de hem toevertrouwde kudde geen schade lijdt, maar zich veeleer over de groei van een goede kudde kan verheugen (2.30-33).

De abt moet 'altijd bedenken *hoe men hem noemt*'. Men noemt hem *abbas*, vader. Dit vaderlijke aspect zagen we ook al in de openingszin van de *Regel*, waarin zelfs van een 'liefdevolle vader' wordt gesproken – wat eigenlijk een pleonasme is. Een *liefdeloze* vader is de naam 'vader' eigenlijk niet waardig.

Het klinkt op het eerste gehoor waarschijnlijk wollig en *soft* om ook van leidinggevenden buiten een kloostergemeenschap een vorm van 'liefdevol ouderschap' te verwachten. Maar liefde is geen softe en rozige aangelegenheid, maar een vorm van *commitment* die van harte en zonder voorwaarden gegeven is én gecultiveerd dient te worden, 'in goede en in kwade dagen'. In het vorige hoofdstuk werd al even stilgestaan bij de vijf domeinen die Bernard Lonergan – geheel in de geest van Benedictus – onderscheidt op het terrein van de menselijke spirituele groei: de domeinen van aandacht, van intelligentie, van redelijkheid, van verantwoordelijkheid, van het *commitment* van het hart. Dit zijn geen trapjes die na elkaar betreden moeten worden, maar elkaar veronderstellende en beïnvloedende aspecten van één houding. Stel je bij wijze van gedachte-experiment een manager, dirigent of bisschop voor die in zijn leiderschap weliswaar een hoog niveau van aandacht, intelligentie, redelijkheid en verantwoordelijkheid heeft weten te bereiken, maar die zich niet écht gecommitteerd voelt aan zijn organisatie, orkest of bisdom, die zijn taak niet echt van harte verricht. Dit zal op termijn weinig vruchtbaar blijken. Het kan best zijn dat op het niveau van de uitwendigheid stappen vooruit worden gezet: gestructureerder en effectiever overleg, transparantere besluitvorming, betere verantwoordelijkheidsafbakening, grondigere partituurstudie en een homogenere orkestklank, hogere kwaliteit van verkondiging en liturgie. Maar op het niveau van de inwendigheid zal blijvende wasdom weinig waarschijnlijk zijn: mensen hebben er een antenne voor wanneer een *commitment* niet van harte is, zoals ze door het vuur gaan voor wie 'het' wél heeft. Zielen kunnen alleen in beweging worden gezet door zielen die zelf bewogen zijn.

Het ging hier inderdaad om een gedachte-experiment, want op het inwendige en spirituele niveau is een groei in aandacht, intelligentie, redelijkheid en verantwoordelijkheid helemaal niet *mogelijk* zonder een gelijk oplopende en hieraan voorafgaande groei in een van harte gegeven en gecultiveerd *commitment*.

Van hier uit is de term 'ouderschap' zo gek nog niet wanneer we die verbinden met mensen die in een organisatie extra verantwoordelijkheid dragen. Ouderschap is per definitie een *commitment* dat van harte en onvoorwaardelijk is. Een vader en moeder die hun opvoeding weliswaar serieus nemen qua tijd, zorg en aandacht, maar deze tegelijk als een zure plicht ervaren, zullen we bezwaarlijk goede ouders noemen. En hun kinderen zullen in zo'n klimaat niet echt gedijen, ook al ontbreekt het hen aan niets – behalve het meest essentiële. Ouderschap is voorts op groei gericht, vooral op spirituele groei. En wel groei die natuurlijk en niet geforceerd verloopt, met soms perioden van stagnatie, zijscheuten en ruimte voor 'falen' – perioden waarin de affectie niet wordt opgeschort of teruggetrokken. Voor leiderschap in andere contexten geldt dit ook.

Als voorbeeld denk ik aan de leider van een wetenschappelijke onderzoeksgroep. Dat deze zijn medewerkers moet stimuleren tot intellectuele groei is evident. En dat er uiteindelijk schot in het onderzoek verwacht wordt is dat eveneens. Maar het behoort tot de natuurlijke gang van zaken dat er perioden van stagnatie en dorheid voorkomen, alsmede van het betreden van *Holzwege* waarop veel inspanning moet worden verricht, maar die nergens heen blijken te voeren en de onderzoekers op hun schreden moeten doen terugkeren. Toch hoeft dat niet erg te zijn: onderweg is er toch 'hout gekapt', en ook het besef dat men iets níét gevonden heeft (de *docta ignorantia*) of zelfs helemaal verkeerd zat, is intellectueel een (soms zelfs grote) sprong voorwaarts. Een onderzoeksleider die zijpaden verbiedt en ogenschijnlijk 'falen' bestraft, het oog strak gericht op het te behalen resultaat, zal noch geliefd noch succesvol zijn. De grote fysicus en pedagoog Niels Bohr was een goed voorbeeld van hoe het wél moet. Hij gaf ruimte in een sfeer van 'ernstig spel' (zoals Hendrik Casimir, een van zijn vele succesvolle jonge medewerkers, dit klimaat bestempelt), stuurde hen soms opzettelijk *Holzwege* op (waarvan ze wel eens met verrassingen voor hem terugkwamen) en als het tegenzat (en nog vaker als het lekker liep), sloot hij zijn instituut voor theoretische fysica enkele uren en ging met zijn hele team een *western* bekijken of zwemmen. Een aanpak die tot zoveel wasdom voerde, dat men spreekt van *the golden years of physics*. Niels Bohr was inderdaad eerder abt dan commandant. Zijn aanpak zou veel eigentijdse universitaire bestuurders een doorn in het oog zijn geweest...

Dit alles sluit momenten van correctie geenszins uit, maar dit dient dan een correctie te zijn die op 'heil' en niet op straf en vergelding is gericht – precies wat Benedictus van de correctie door de abt verwacht. Op dit aspect van de correctie wordt verderop nog teruggekomen.

> Laat hij beseffen, welke moeilijke en zware taak hij op zich genomen heeft: om namelijk zielen te leiden en zich dienstbaar te maken aan de gesteltenis van velen.

De kern – de *zware* en *moeilijke* kern – van goed leiderschap is het leiden van zielen: zielen motiveren, deze een oriëntatie bieden en in een georiënteerde beweging zetten. Zwak leiderschap zwicht voor de verleiding om van dit moeilijke en zware maar af te zien, en zich te concentreren op wat gemakkelijker is: álles waarin de *menselijke* factor (ogenschijnlijk) *niet* primair is – structuren, financiële aspecten, het *mission statement*, de 'verpakking'.

En waarom is dat 'leiden van zielen' moeilijk en zwaar? Benedictus brengt dat in verband met 'dienstbaarheid aan de gesteltenis van velen'. Om te beginnen is die *dienstbaarheid* moeilijk. Ongereflecteerd associëren we leiderschap waarschijnlijk eerder met het in staat zijn velen diensten te laten verrichten, zoals een koning vele dienaren heeft. Maar Benedictus verbindt dienstbaarheid allereerst met degene die leidinggeeft: deze dient *ministrans*, dienend te zijn. En waaraan geldt dan die dienstbaarheid? 'Aan de gesteltenis van velen.' En wel de gesteltenis van hun eigen zielen, die heel divers zal zijn. Dat uit zich dan ook in de heel uiteenlopende vormen van respons die Benedictus van de abt verwacht: 'De een moet hij met milde goedheid tegemoet treden, de ander met terechtwijzingen, weer een ander met overredingskracht.' Dit is inderdaad moeilijk: degene die leiding geeft moet én in staat zijn om aandachtig te beluisteren hoe het met de zielen van de 'broeders' gesteld is, én op elk van die gesteltenissen de juiste respons geven. Dat vergt veel, en wel meer van degene die leiding geeft dan van degene die geleid wordt. Opnieuw ongereflecteerd vinden we het vanzelfsprekend dat de ondergeschikte zich dient te plooien naar en aan te passen aan de wensen en grillen van de leider – en dat is inderdaad niet zelden de praktijk. En opnieuw draait Benedictus de verhoudingen om: de abt moet 'zich... volgens ieders geaardheid en bevattingsvermogen aan elkeen aanpassen en zich... naar hem plooien...' Grotere verantwoordelijkheid vergt grotere flexibiliteit. Je zou in dit verband kunnen zeggen dat de spreuk 'gelijke monniken, gelijke kappen' alleen voor die kappen en andere uitwendigheden geldt. Omdat het innerlijk van alle monniken verschillend is, zal de abt, iedereen zorgvuldig 'ausculterend', tot heel 'ongelijke' respons komen. Op het gebied van de kappen is ongelijkheid ongepast. Maar op het gebied van de zielen is alleen 'ongelijke' respons passend en adequaat. Broederlijkheid impliceert geen egalitarisme. Het anderszijn wordt als het goed is niet alleen gerespecteerd, maar zou door een wijze abt zelfs moeten worden *gecultiveerd*.

Dit is inderdaad moeilijk en zwaar. Maar deze aan iedereen aangepaste respons is nodig, zo stelt Benedictus, voor het gedijen van de gemeenschap als geheel. De aandachtig luisterende en respons gevende flexibiliteit van de abt is erop gericht 'dat hij niet enkel aan de hem toevertrouwde kudde geen schade lijdt, maar zich veeleer over de groei van een goede kudde kan verheugen'. Niet luisterend en niet respons gevend leiderschap is inderdaad schadelijk – het is gemakkelijk hiervan praktijkvoorbeelden te geven. Wél luisterend en wél respons gevend leiderschap wordt door Benedictus in verband gebracht met *groei*, met een *goede* kudde en met *verheugen*.

Het gaat hier duidelijk niet allereerst en uitsluitend om een kwantitatieve groei. Je kunt je gemakkelijk een klooster voorstellen waarin in enkele decennia om heel diverse redenen het aantal monniken is gehalveerd, en waarvan het toch gerechtvaardigd is om te zeggen dat de gemeenschap in die periode in een heel andere zin is *gegroeid*. Want de abt moet zich wel aanpassen aan en plooien naar de geaardheid en gepastheid van velen, maar dat wil nog niet zeggen dat hij kritiekloos aanvaardt wat hij daar aantreft. Door milde goedheid, terechtwijzingen, overredingskracht en andere vormen van respons dient hij te stimuleren dat de zielen en zieltjes die hem zijn toevertrouwd een groeiproces kunnen ondergaan, door dagelijkse *conversio morum*. Dat is zwaar en moeilijk, maar als het lukt – met vallen en opstaan van beide zijden – kan deze groei inderdaad een bron van *vreugde* zijn. Ook hier is het niet moeilijk om praktijkvoorbeelden bij Benedictus' theorie van goed leiderschap te betrekken. Wie kan zich niet de vreugde van de lerares voorstellen die een stoorzender in de klas en knoeier in zijn werk geleidelijk weet te stimuleren tot groei, zodat deze leert beseffen dat er méér in hem schuilt, zodat hij plezier krijgt in precies werk en wordt aangestoken door haar intellectuele passie? Er is niet bijster veel 'auscultatie' voor nodig om te traceren dat een leerling een potentiële stoorzender en knoeier is, maar des te meer om te ontdekken waar zijn mogelijkheden tot groei liggen. En hoeveel vasthoudendheid en aandacht is er niet nodig om hier adequaat respons op te geven? En in diezelfde klas zijn er nog zoveel andere broeders en zusters. Het merkwaardige is overigens dat zo'n proces en de resultaten ervan elkaar versterken, zodat het in zekere zin 'vanzelf gaat'. Ik denk aan mijn eerste rectrix, geen groot 'manager' (daar had ze uitstekende conrectoren voor) en al helemaal geen heilige, die zonder zich te forceren en zonder de *Regel* van Benedictus te kennen in het halfuur voor de lessen in de docentenkamer gesprekjes aanknoopte, tamelijk precies wist waar belangstellingen, passies en problemen lagen, en niet zelden daar een prikkelende respons op wist te geven. 'Was u gisteren niet naar de *Vierde* van Bruckner? Wat een mooi begin, met die vier hoorns! Zit u trouwens zélf nog geregeld aan het klavier?' Nee dus – voor mij een stimulans om daar eens wat meer aan te gaan doen. Of tegen een eveneens jonge collega, die met niet geringe ordeproblemen kampte: 'Bij meneer Verhoeven' – een erudiet classicus met een geleidelijk verworven en geenszins afgedwongen 'gezag' – 'stonden ze vroeger op de tafels te dansen.' Een opstekertje dat geholpen heeft.

Haar opvolger – met veel managementkwaliteiten en een beter ontwikkeld financieel inzicht – zagen we 's morgens niet in de docentenkamer om tijdverspillend over Bruckner of Marguerite Yourcenar te praten, en de populatie in dat vroege uur kromp ineen tot wie om vervoerstechnische redenen niet anders kon. Verschillende processen in de organisatie raakten beslist beter gestroomlijnd, maar zijn onmiskenbare *commitment* sprak niet vanuit het hart. In een vertrouwelijk gesprek verzuchtte hij eens: 'Ik moet het nu eenmaal doen met deze mensen hier en de manier waarop hier zaken zijn gegroeid.' Deze constatering was juist, maar de impliciete wens dat hij liever met ándere mensen met ándere gewoonten en gesteldheden van doen had gehad – een vorm van innerlijk weglopen – zou Benedictus het hoofd hebben doen schudden. De ábt heeft zich te plooien en aan te passen, om zo zijn mensen te stimuleren tot groei. De nieuwe rector vertrok na zes tamelijk zure jaren naar een plek waar hij hopelijk wel tot bloei gekomen is – en zijn nieuwe gemeenschap met hem.

In de contacten die ik in een latere functie geleidelijk kreeg met mensen die extra verantwoordelijkheid dragen in het bedrijfsleven, de Kerk en de samenleving, zag ik Benedictus' visie op leiderschap steeds weer bevestigd. Flexibiliteit, groot aanpassingsvermogen aan de diverse 'geaardheid' van de mensen om hen heen, hen persoonlijk prikkelend tot groei, een niet-gespeelde blijmoedigheid die van harte komt (zelfs bij tegenslag en ernstige ziekte), zonder gêne toegevend dat men van zijn fouten zou kunnen leren ('der Andere könnte recht haben') – dit alles stimuleert tot groei en bloei. Of het nu om een beursgenoteerde bouwonderneming, een orkest of een bisdom gaat. En waar het stagneert, waar het misgaat, waar wantrouwen, de intriges en de angst hoogtij vieren, daar is altijd een leider aan te wijzen die Benedictus' visie *ex negativo* bevestigt.

Wie extra verantwoordelijkheid voor anderen draagt, draagt ook extra verantwoordelijkheid jegens zichzelf:

> Hij wete dus, dat wie de leiding van zielen op zich neemt, zich klaar moet maken om rekenschap te geven. Daarom moet hij ervan overtuigd zijn, dat hij op de dag van het oordeel over evenzoveel zielen aan de Heer rekenschap moet geven als hij broeders onder zijn hoede weet, en natuurlijk komt daar zijn eigen ziel nog bij (2.37-38).

'En natuurlijk komt daar zijn eigen ziel nog bij' – Benedictus wijst hier op het belang van goed 'onderhoud' van de eigen ziel. Mensen hebben behoefte aan oriëntatie en 'leiding' vanuit bronnen buiten zichzelf. Dat geldt ook voor de abt. Ook hij moet in contact blijven met bronnen van waarde die hem kunnen oriënteren. Maar in de praktijk is het vaak zo dat naarmate men meer zielen te leiden heeft, het onderhoud van de eigen ziel meer wordt verwaarloosd. De rector van een school heeft het te druk om nog te studeren op het gebied van zijn professie. De minister heeft geen tijd meer voor zijn wekelijkse wandelclub. De bisschop heeft zo'n overvol vergaderrooster dat ontspannen een dichtbundel lezen er niet meer van komt. Dit soort luxe franje is vaak het eerste dat sneuvelt wanneer iemand in een positie met eindverantwoordelijkheid terechtkomt. Maar deze franje is geen luxe en eigenlijk ook geen franje. Want we zouden nog een stapje verder kunnen gaan dan Benedictus: het is niet zozeer dat de eigen ziel 'erbij komt', maar dat voeding en onderhoud van de eigen ziel gelijk opgaan met het vermogen zielen te kunnen leiden. In het vorige hoofdstuk is al gewezen op het levensbelang van het in contact blijven met bronnen van waarde. Voor degene die zielen in beweging wil zetten geldt dat in *optima forma*. In het volgende fragment wordt dan ook van de abt geëist dat deze zo vertrouwd moet zijn met de Schrift, dat hij niet alleen het al bekende daaruit aan de gemeenschap voor kan houden, maar ook nieuwe vergezichten kan aanreiken:

> Degene die tot abt is aangesteld moet altijd bedenken, welke last hij op zich genomen heeft en aan wie hij rekenschap zal moeten geven; hij moet goed weten dat hij veeleer moet dienen dan heersen. Daarom moet hij goed onderlegd zijn in de wet Gods, zodat hij de nodige kennis bezit om daaruit nieuw en oud naar voren te brengen.

De eigen studie en *lectio divina* wordt door Benedictus in verband gebracht met het *dienen* van de leider. En het is inderdaad een weldadige dienst wanneer de leraar, bisschop, dirigent of bestuursvoorzitter in staat is het bekende in een nieuw licht te tonen, of in staat is inzichten en ervaringen uit heel ándere domeinen vruchtbaar te laten zijn in het domein waar hij verantwoordelijkheid draagt.

In het volgende fragment wordt nog eens onderstreept dat de voor de gemeenschap vruchtbare omgang met de *human resources* verbonden is met de menselijkheid en groeimogelijkheden van de abt zélf:

> Ook moet hij kuis, matig en barmhartig zijn, en altijd late hij de barmhartigheid het winnen van de rechtvaardigheid, opdat hijzelf dit ook eens wedervaren mag. Laat hij het kwaad haten, maar de broeders liefhebben. Als hij moet straffen, zal hij voorzichtig te werk gaan en vermijde hij iedere overdrijving, want als men al te hardhandig het roest van een pot wil schuren, zou men hem wel eens kunnen breken. Laat hij zijn eigen broosheid altijd indachtig zijn, en bedenken, dat men het geknakte riet niet mag breken. Daarmee willen wij niet zeggen, dat hij de ondeugden moet laten voortwoekeren; integendeel: hij moet ze met beleid en liefde uitroeien op een wijze die hem – zoals we

> reeds gezegd hebben – voor elkeen het beste voorkomt. Daarbij moet hij er zich op toe leggen eerder bemind dan gevreesd te worden.
> Hij mag niet gejaagd of angstig zijn, niet overdreven of koppig, niet jaloers of al te achterdochtig, want anders vindt hij nooit rust. Omzichtig en bezonnen geeft hij zijn bevelen... altijd moet hij met onderscheiding en met mate te werk gaan... Laat hij deze en andere voorbeelden van gematigdheid, die de moeder der deugden is, ter harte nemen en alles met zoveel maatgevoel regelen, dat er voor de sterken nog iets te verlangen blijft, en de zwakken niet worden afgeschrikt (64.7-19).

Dit wat langere fragment uit de *Regel* komt op het eerste oog wel erg braaf en vroom over. Maar bij nader inzien vinden we opnieuw waardevolle adviezen voor goed leiderschap.

Allereerst is er het aspect van de *voorbeeldfunctie*: kuisheid, matigheid, barmhartigheid, rustige leiding, bezonnenheid. Leerlingen, medewerkers, orkestleden, diocesanen: ze hebben een prima neus voor de afstand tussen waar de leider voor *staat* en hoe hij zelf *is*. Hoe groter die afstand is, hoe minder men geneigd is tot het serieus nemen van wat er van 'boven' komt – want je ziet dat hij er zélf niet in gelooft. Vertrouwens- en motivatieverlies zijn het gevolg. En waar het opvallend goed gaat in een organisatie zie je juist vaak mensen aan de top waarin die afstand minimaal of zelfs afwezig is. De docent die zijn vak écht serieus neemt (het wetenschappelijke, het pedagogische én het didactische), wordt door zijn leerlingen serieus genomen – dít is het geheim van het zogeheten natuurlijke gezag dat respect oproept. Op andere terreinen is de situatie ook zo. Sommige dirigenten *zijn* gewoon muziek, je kunt niet anders dan erdoor aangestoken worden. Soms gaat er iemand in de liturgie voor die de respons bij je oproept: dit moet *waar* zijn – en ik moet mijn leven *veranderen*.

Een anekdote: na een feestelijke en warme liturgieviering in familiekring kwam een waarschijnlijk niet-kerkelijk en agnostisch neefje naar me toe met de verblufte constatering: 'Volgens mij gelooft deze priester er écht in!' Hiermee gaf hij onbewust aan hoe uitzonderlijk dat zou kunnen zijn.

Aan het relatief zeldzaam zijn van deze situatie herkennen we de moeilijkheid ervan. Juist bij mensen bij wie 'het vanzelf gaat' is er altijd sprake van jarenlange intensieve studie, cultivering, oefening – en zij zullen de eersten zijn om je duidelijk te verstaan te geven dat het ook dan nooit 'vanzelf gaat'.

Er worden ook enkele eigenschappen opgesomd die een abt beter *niet* kan hebben: haast, vrees, koppigheid, jaloezie, achterdocht – 'want anders vindt hij nooit rust'. En de eigen onrust plant zich voort, wat schade toebrengt aan de gemeenschap. Het feit dat Benedictus deze zaken noemt, doet vermoeden dat hij weet dat nogal wat leiders juist een of meer van deze eigenschappen vertonen (en ze zijn inderdaad prima te combineren).

Het klopt dat ze allemaal schadelijk zijn: haast is synoniem met fouten maken, vrees verkrampt, koppigheid remt de flexibiliteit, jaloezie verzuurt de organisatie, achterdocht roept als vanzelf de reacties op die de achterdocht bevestigen en versterken. Als er in een organisatie iets scheef zit, dan is Benedictus' rijtje een bruikbare checklist. Het complementaire positieve rijtje ligt voor de hand: rust stimuleert zorgvuldig werken; een door realisme aan de grond gehouden 'blijmoedigheid' kan anderen stimuleren de barrières van hun eigen angsten te nemen; openheid voor andere oplossingen dan die van jezelf verrijkt de besluitvorming; genoegen beleven aan de goede prestaties van anderen – en dat ook uiten – stimuleert om anderen te tonen dat er nog méér in hen steekt; een basishouding van vertrouwen kan zelfs de mopperaars en intriganten ertoe verleiden dat vertrouwen dan maar niet te beschamen.

In het geciteerde fragment worden ook enkele bruikbare tips gegeven voor verstandig *human resource management*. Allereerst betreffende de broeders die gecorrigeerd moeten worden. Om te beginnen móét dat gebeuren, en wel bijtijds. Een even voor de hand liggende als moeilijke regel. Vaak weet je wel dat je iets moet zeggen of dat je moet optreden, maar daar moet je een eigen barrière voor overwinnen en daarnaast hoop je dat het wel losloopt. Dat doet het niet. Gebrek aan kwaliteit plant zich voort en versterkt zich (net zoals de aanwezigheid van kwaliteit dat doet), en al snel ontstaat een situatie die nog maar moeilijk te corrigeren is. Als jonge leraar werd me door mijn wijze eerste rector geadviseerd in de klas *meteen* op te treden bij ook maar de geringste gebeurtenis die ik schadelijk achtte, en daarin consequent te zijn. Ik volgde zijn advies in alle klassen, behalve in één – uit eigenwijze experimenteerlust, zo vrees ik. In de andere klassen hield ik ze erg strak, soms voor mijn gevoel wat overdreven, maar er werd gewerkt, we wisten wat we aan elkaar hadden, en gaandeweg kon ik de teugels wat vieren, raakten we wat meer ontspannen (met name ikzelf), en kwam onze aandacht steeds meer bij de zaak zelf te liggen. Bij die ene 'experimenteerklas' was het meteen ontspannen en gezellig, na korte tijd héél gezellig, men was met van alles bezig behalve met wat op mijn programma stond, en na enkele maanden was er bijna bruut geweld nodig om het tij te keren.

Nog zo'n voor de hand liggend maar nóg moeilijker advies van Benedictus: 'Het kwaad haten, maar de broeders liefhebben.' Wat kan het niet een weldaad voor een medewerker zijn als deze na een fout en een corrigerende terechtwijzing ervaart dat hij tóch en opnieuw alle vertrouwen krijgt, en wel van harte. En dat er op die kwestie uit het verleden *niet* teruggekomen wordt, ook niet indirect of tussen de regels. Zo'n benadering kan iemand stimuleren tot nieuwe groei en bloei. De praktijk is meestal anders. Een, twee fouten, en sommige chefs beginnen al een dossier aan te leggen dat te zijner tijd handig van pas kan komen, wanneer men de betrokken medewerker wil lozen. Sterker zelfs: de chef kan als het ware op nieuwe fouten gaan loeren, en in zo'n klimaat van achterdocht en wantrouwen komen die nieuwe overtredingen er dan ook als vanzelf. Achterdochtig baasjesgedrag injecteert vergif in de organisatie; correctie die op 'heil' gericht is en die van harte vertrouwen uitspreekt in een betere toekomstige kwaliteit werkt daarentegen als een intermenselijk elixer. Benedictus wijst de abt in verband met de correctie van de broeders op de eigen broosheid en breekbaarheid. Want ook het leiderschap van de abt zal een weg van vallen en opstaan zijn, ook zijn eigen levensweg zal dagelijks gebaat zijn met een zich steeds opnieuw richten op morele kwaliteit (de gelofte van de *conversio morum*), en ook de abt kan door opmerkingen van zijn medebroeders worden gewond én geheeld.

In dit verband zou op een omissie in de *Regel* van Benedictus kunnen worden gewezen: van de abt wordt van alles verwacht en geëist, maar wie zorgt er voor *zijn* ziel? Dat zijn allereerst de medebroeders, voor wie het *ausculta* ook in díé zin geldt, dat ze bedacht moeten zijn op signalen dat de abt steun en warmte nodig heeft. In een sfeer van aandachtige welwillendheid in een organisatie kunnen het leiderschap en het charisma van de 'abt' namelijk groeien.

Je kunt je nieuwe rector, dirigent of bisschop met achterdocht en wantrouwen tegemoet treden – en als vanzelf gebeuren dan de dingen die deze achterdocht en wantrouwen bevestigen. Je kunt hem ook met vertrouwen welkom heten en hem in de beginfase veel welwillende ruimte bieden. Gezag kan iemand *geschonken* worden. Charisma wordt zo een *dubbele* gave.

Een positie met eindverantwoordelijkheid wordt vaak met eenzaamheid geassocieerd: *it's lonely at the top.* Dat risico ligt inderdaad op de loer. Niet alleen omdat er onwillekeurig afstand groeit tussen abt en broeders, of omdat belangrijke besluiten na consultatie van allen uiteindelijk door één persoon genomen moeten worden. De eenzaamheid van de eindverantwoordelijke heeft ook te maken met zijn tijdmanagement en het ontbreken van personen die hem kunnen corrigeren. Op tijdmanagement wordt in het volgende hoofdstuk nog teruggekomen.

Hiervoor werd er in dit verband al op gewezen dat een hoge positie bekleden vaak gepaard gaat met het stopzetten – vanwege tijdsdruk – van het onderhoud van de eigen ziel, en het op een laag pitje zetten van ontspannende contacten: de wandelclub, de wekelijkse tennisavond, de koorrepetitie, een avondje schaken en ontspannen kletsen met een goede vriend. Niet alleen is dit schadelijk voor de eigen ziel, maar ook voor de kwaliteit van het leiderschap. Het is goed om geregeld in een 'zone zonder gevaar' (Cornelis Verhoevens beknopte omschrijving van vriendschap) te verkeren, waarin je niet op je woorden hoeft te passen, waarin je ontspannen samen bent met mensen die niet op enigerlei wijze in een hiërarchische relatie tot je staan. En zo'n zone zonder gevaar moet vervolgens ook worden gecultiveerd. Een bisschop, een *captain of industry*, een minister of welke 'abt' dan ook heeft behoefte aan een kleine vriendengroep die bijvoorbeeld maandelijks met een fles wijn onder de arm bij elkaar op bezoek komt en met de voeten op tafel over *alles* kan praten en lachen.

In zo'n situatie kan de bisschop zonder risico zijn zorgen en onzekerheden op tafel leggen, en zijn vrienden kunnen eerlijk en goedgemutst de bisschop corrigeren wanneer die weer eens ongenuanceerde en onbesuisde uitspraken in de pers heeft gedaan. Want ook de abt heeft behoefte aan de *correctio fraterna*, de broederlijke correctie.

In het geciteerde fragment wordt duidelijk dat ook de *correctio* dóór de abt in de eerste plaats broederlijk dient te zijn. Overdreven correctie bedreigt de integriteit van de broeder. Het uitroeien van de ondeugden dient – het klinkt paradoxaal – met 'beleid en liefde te gebeuren'. En wel op 'een wijze die hem voor elkeen het beste voorkomt' – ook in de correctie wordt van de abt aanpassingsvermogen en flexibiliteit verwacht. Een *gelijke* strafmaat is in dit verband een *foute* strafmaat – het gaat om een mate van correctie die optimaal recht doet aan de bekerings- en genezingsmogelijkheden van iedere broeder voor zich.

Leiderschap is voor Benedictus duidelijk een kwestie van 'maat houden'. Er zijn namelijk manieren van leiderschap die 'onmatig' zijn. Dan is de leider op een verstikkende manier present, zit er meteen bovenop, hakt *overpowerend* haastig en slordig (vaak de verkeerde) knopen door, bemoeit zich met alles en iedereen. Benedictus legt een heel andere nadruk; hij gebruikt daarvoor woorden als 'omzichtig', 'bezonnen', 'met maatgevoel'. Bij die omzichtigheid en bezonnenheid hoort ook het vermogen onderscheid te maken tussen situaties waarin je duidelijk aanwezig moet zijn en andere waarin het verstandig is een stapje terug te doen, het vermogen van anderen tot zelfcorrectie en zelfsturing respecterend. Ook kan het soms wijzer zijn niet zélf in te grijpen en te corrigeren, maar verstandige mensen te zoeken die een goede band hebben met de personen om wie het gaat en van wie de adviezen en correcties eerder van harte worden aanvaard dan van de man aan de top.

Aan het eind van het gekozen fragment over de abt komt bijna als onopvallende toegift nog een adviesje dat, wanneer het door leidinggevenden werkelijk serieus genomen zou worden, misschien wel dé kwaliteitstip is voor het doen groeien en bloeien van een organisatie: de abt moet 'alles met zoveel maatgevoel regelen, *dat er voor de sterken nog iets te verlangen overblijft, en dat de zwakken niet worden afgeschrikt*'. In de Engelse vertaling van Catherine Wybourne: '... that the strong have something still to wish for and the weak nothing from which to shrink'. Dat 'to shrink' laat wellicht beter de samenhang zien met de context van groei en wasdom; 'to shrink' betekent niet alleen 'terugschrikken', maar ook '(doen) krimpen', 'verminderen', 'in elkaar schrompelen'. Goed leiderschap houdt in: mensen stimuleren tot *optimale* prestaties, niet tot *maximale*. Het gaat erom een zodanig appèl op je mensen te doen, dat ze op het prestatieniveau komen dat optimaal *bij hen past*. Je kunt de zwakkeren in je organisatie op zo'n manier tegemoet treden dat ze nog verder ineenschrompelen, en terugdeinzen voor vormen van respons waar ze eigenlijk best toe in staat zouden zijn. Er is een zekere neiging bij chefs om zich bij de zwakkeren vooral vast te bijten in wat die *niet* (meer) kunnen, in wat er mislukt en fout gaat. Het zou onrealistisch en slecht voor de gemeenschap zijn om daarvoor de ogen te sluiten. Maar een fixatie op fouten en het eisen van wat niet (meer) mogelijk is, is eveneens schadelijk. Het is vruchtbaar om na te gaan wat wél tot iemands mogelijkheden behoort en te bezien of op dat terrein wellicht nog versterking en groei mogelijk is. Een illustratie uit de monastieke wereld: een oudere monnik die slecht ter been is, wordt natuurlijk niet meer ingeroosterd om tafeldienaar te zijn (en iedereen komt daarvoor in beginsel aan de beurt – ook de abt); maar als deze monnik toevallig een goede stem heeft, krijgt hij wat vaker de voorleesbeurt bij de maaltijden. Het is niet moeilijk om hier niet-monastieke varianten van te bedenken.

Maar niet alleen moet voorkomen worden dat de zwakken terugdeinzen en wegkwijnen, het is even belangrijk dat er voor de sterken nog iets te verlangen overblijft. Dit wordt gemakkelijk vergeten. Leidinggevenden besteden veel van hun tijd aan de zwakke broeders en afdelingen, aan de probleemgevallen en de mopperaars. Deze aandacht is nodig. Maar evenveel aandacht zou geschonken moeten worden aan de sterken en succesvollen, van wie men ten onrechte meent dat die zichzelf wel kunnen redden. Dat is alleen in oppervlakkige zin waar, en alleen maar op korte termijn. Een gebrek aan aandachtige waardering en een gebrek aan uitdagingen in de eigen organisatie resulteren al snel in het zoeken van uitdagingen elders. Het is gewoon een zaak van goed *human resource management* om ook bij de sterke medebroeders de vinger aan de pols te houden. Waarin zouden zij nog kunnen groeien? Is er een talent dat nog onvoldoende is aangesproken? Welke aanvullende vormingsprogramma's zouden hun groei kunnen bevorderen? Zijn ze, hoewel nog geenszins opgebrand of vermoeid, misschien toe aan een studie- en opfrisverlof?

Opnieuw is het de kunst om goed te luisteren. Een extra moeilijkheid is nog dat sterkten en zwakten meestal *gemengd* voorkomen. Er is veel onderscheidingsvermogen nodig om hier goed zicht op te krijgen en als leider de juiste respons te geven. Maar de leider die oor heeft voor signalen van intellectueel, praktisch, artistiek, moreel en ander spiritueel talent en groeipotentieel, en die deze groeikansen ook aanspreekt en cultiveert, die draagt zeker bij aan het floreren van zijn organisatie.

Een mooie illustratie van deze houding komt van een Belgisch softwarebedrijf, waar iemand blijkbaar spontaan deze inderdaad ook voor de hand liggende ideeën van Benedictus zélf had bedacht en ter hand genomen. De hoogste baas van het bedrijf kreeg twee invallen die veel weg hebben van wat zojuist naar voren werd gebracht.

Allereerst werd bepaald dat *iedereen* in het bedrijf, van portier tot de hoogste baas zelf, in elke twee werkweken één (betaalde) studiedag had. En, heel opmerkelijk, men was vrij om die studiedag zelf in te vullen, mits er aantoonbaar werd gestudeerd. De programmeurs hoefden zich geenszins verplicht te voelen hun professionele kunnen te vergroten – dat deden ze trouwens meestal spontaan. De een ging een studie kunstgeschiedenis volgen, een ander een jaarcursus icoon schilderen, weer een ander nam vioolles. En de portier hoefde al evenmin bijvoorbeeld een aanvullende EHBO- of bewakingscursus te volgen, maar mocht desgewenst ook Spaans gaan studeren om zich op vakantie beter te kunnen redden, of een cursus creatief schrijven. Collega's uit dezelfde sector schudden het hoofd bij deze ingreep: tien procent minder werktijd, meer kosten, geen verplichte 'nuttige' scholing. Het resultaat na een jaar: aanzienlijk betere (financiële) bedrijfsresultaten, minder verloop, meer arbeidsbevrediging.

De tweede maatregel leek ook al zo vreemd: het bedrijf besloot om bij het optreden van vacatures een vast percentage nieuwe werknemers van *boven* de 50 aan te stellen, en dat in alle regionen. Terwijl men elders juist vaak naar wegen zoekt om oudere werknemers op een liefst nette manier kwijt te raken. Het motief voor deze maatregel: deze nieuwe maar oudere medewerkers hadden wellicht in bepaalde opzichten een lager tempo, maar brachten ervaring en een zekere rust mee. Het nieuwe hoofd van de schoonmaakploeg was 53, in een ploeg van merendeels twintigers. Ze bleek een secuur baken in de branding; ze had meer gezag en genoot meer vertrouwen dan wanneer ze zelf maar net iets ouder dan de rest was geweest, en ze had eerder in de gaten wanneer er in het jonge volkje met iemand iets aan de hand was. De nieuwe directeur innovatiemanagement was 55; hij kon de jonge honden van zijn afdeling, meestal 25 tot 30 jaar jonger, in hun vernieuwende ideeën soms nauwelijks bijbenen. Maar hij had door ervaring wel het onderscheidingsvermogen opgebouwd om te zien welke ideeën levensvatbaar waren en welke slechts losse flodders zouden zijn. Ook hij bracht rust in zijn gezelschap, en vormde bovendien geen bedreiging voor de doorstromingsmogelijkheden van de *young coming men*, want hij zou slechts enkele jaren kunnen blijven. Ook deze maatregel bleek vruchten af te werpen. Twee kwaliteitsimpulsen van een (waarschijnlijk niet-bekende) benedictijnse allure. Een softwarebedrijf met een goede abt.

De goede abt is ook degene die de gemeenschap op weg houdt en die de visie heeft waar die weg heen zou kunnen leiden, met overigens alle openheid voor oriëntatiebronnen in de eigen gemeenschap. Het gaat er inderdaad om de *gemeenschap* op weg te houden, waarbij niet vooropstaat wie het hardst loopt, maar dat iedereen loopt. Ook de kooltjes die bijna lijken te zijn uitgegloeid dient hij met gepaste zorg weer aan te blazen. En het vuur van degenen die volop branden heeft geregeld nieuwe brandstof nodig. Leiderschap is moeilijk en veeleisend – maar de abt hoeft het niet alleen te doen. Er is meer meesterschap in de communiteit te vinden en aan te spreken.

3. De persoon van de kellenaar: 'a man for all seasons'[12]

De kellenaar of keldermeester van het klooster, tegenwoordig meestal de 'econoom' genoemd, heeft een (deel)verantwoordelijkheid ten aanzien van de spullen en goederen van het klooster. In modern jargon: samen met enkele anderen maakt hij deel uit van het 'managementteam' van de abdij. Aan de kellenaar wijdt Benedictus een afzonderlijk hoofdstukje in zijn *Regel*, een hoofdstukje dat opnieuw gemakkelijk vertaald kan worden naar contexten buiten het klooster. Net als bij de abt begint Benedictus niet met een opsomming van taken en bevoegdheden, maar met een aanduiding van de *persoonskenmerken* van een geschikte kellenaar.

> Als kellenaar van het klooster wordt iemand uit de gemeente gekozen, die wijs is, rijp van karakter, sober en matig, niet verwaand, niet wispelturig, niet bars, niet traag, en niet verkwistend, maar godvrezend; hij moet als een vader zijn voor de gehele gemeente.

Opnieuw staat *vaderschap* voorop – blijkbaar is dat een kenmerk van goed leiderschap, of het nu om de eindverantwoordelijke gaat of om een van de andere managers.

Het fragment begint met enkele positieve eigenschappen. De leider dient *wijs* te zijn. In het Latijn staat er *sapiens*, van *sapere*, een werkwoord dat met 'proeven' en 'smaak' te maken heeft. *Sapientia* is een vorm van weten die anders is dan de *scientia* – dat is de zekere wetenschap van eenvoudige dingen die begrepen en eenduidig beargumenteerd kunnen worden. *Sapientia* heeft te maken met de kunst van het beoordelen van het complexe, zoals degene met smaak ook een ingewikkeld gerecht naar waarde weet te schatten. Smaak heeft ook te maken met de kunst om in ingewikkelde zaken de juiste keuze te maken.

De leider dient ook 'beproefd' te zijn in de zin dat zijn karakter (Grieks voor stempel of 'kras') met vallen en opstaan tot rijping gekomen is. Een *boy wonder* met uitsluitend successen op zijn conto moeten we zeker gelukwensen, maar of deze een goede leider zal zijn?

De kellenaar dient sober te zijn, *sobrius*; dat is een nuchterheid die verdergaat dan het zelf niet te veel aan de fles te zitten. Nuchterheid is ook bezonnenheid, het vermogen om een nuchtere kijk op de realiteit te hebben.

De matigheid van de kellenaar betekent ook dat deze zich niet volpropt in een andere zin dan de louter materiële. Zij die in een leidinggevende positie verkeren, kunnen zich ook op andere manieren 'volproppen': alleen in vijfsterrenhotels willen slapen, exorbitante beloningen en optieregelingen voor zichzelf arrangeren of vinden dat je op de eerste rij moet zitten.

Vervolgens komen er in het fragment enkele leerzame *negatieve* omschrijvingen: hoe de manager vooral *niet* moet zijn. Benedictus zou deze aspecten niet hebben genoemd als hij niet geweten had dat deze in de praktijk helaas wél het gedrag van menig leidinggevende karakteriseren.

Niet verwaand – *non elatus*. Een van de verleidingen van het leiderschap is dat je je eigen fragiliteit negeert en vergeet, en dat je hoogmoedig wordt, of met een mooi Duits woord: *hochnäsig*, je neus in de lucht steekt. Verwaandheid houdt in dat je niet meer wilt leren en luisteren; misschien wel dé grondfout van falende leiders.

De kellenaar dient niet wispelturig te zijn: *non turbulentus*. Niet zelden wordt daadkrachtig leiderschap in verband gebracht met de zaak opschudden, met stevige turbulentie. Dat kan best stof doen opwaaien en veel lawaai (*turba*) meebrengen, maar het betreft slechts ongeoriënteerde onrust, een onduidelijke en perspectiefloze leiding. Toch wordt drukte en hectiek niet zelden geassocieerd met krachtdadig leiderschap. De praktijk leert dat onrust gepaard gaat met een gebrek aan effectiviteit, en dat aan de andere kant rust en kracht bijna synoniemen zijn.

Niet bars – *non iniuriosus*. Barsheid en grofheid krenken de medewerkers, een krenking die zich voortzet in de organisatie en die door de betrokkenen niet zal worden vergeten. Het is een misvatting dat je je mensen scherp houdt door boven op hun fouten te springen en ze dan af te blaffen. Ze zullen zeker terugdeinzen (*shrink*) en in hun schulp kruipen, maar vanuit hun schulp vinden ze effectieve manieren om wraak te nemen – waarover straks meer.

De kellenaar dient niet traag te zijn – *non tardus*. Wispelturige turbulentie met zijn schijn van dynamiek gaat prima samen met traagheid, met feitelijk buitengewoon treuzelend leiderschap: geen antwoord geven op herhaaldelijk gestelde vragen, uitstelgedrag ('daar zijn we nog niet aan toe', 'daar kom ik nog op terug'), door het volledig ontbreken van langetermijnplanning nergens echt aan toekomen, door te veel afspraken en treuzelen steeds overal te laat (*tardus*) komen. Oppervlakkige snelheid en innerlijke traagheid zijn goed te combineren.

Niet verkwistend – *non prodigus*. Het Engels heeft voor verkwisten een beeldende term: *to spoil*. Dat is verkwisten dat ook verspillen en bederven is. De verkwistende manager verspilt niet alleen geld en andere middelen, hij zet ook een proces van bederf in gang, verhoudingen beginnen te schiften en te verrotten, mensen voelen zich 'rot' onder zo'n bewind.

Deze reeks van negatieve persoonskenmerken heeft een simpel complement: 'godvrezend' zijn. Een term die verkeerd kan worden verstaan, alsof de kellenaar angstig en té scrupuleus te werk moet gaan, gebukt onder de strenge blik van het hoogste gezag. *Van Dale* geeft van 'godvrezend' een omschrijving waarin geen bangigheid doorklinkt: 'met ontzag en eerbied jegens God vervuld'. 'Ontzag' en 'eerbied' zijn ook de hoofdbetekenissen van 'vrees', een 'angstig gevoel voor iets dreigends' is pas de secundaire betekenis. Wat Benedictus met 'godvrezend' wil uitdrukken, is dat de spiritualiteit van de kellenaar zijn werk – meestal van heel alledaagse aard – moet doordringen. Dat eerbied en respect zijn basishouding moeten bepalen, ook in de context van gereedschap, voorraden, omzet en boekhouding. En een grondhouding van eerbied en respect is inderdaad niet te rijmen met verkwisting, traagheid, barsheid, wispelturigheid en verwaandheid. Respect heeft ook met aandacht te maken, met alle antennes uit hebben staan om ook in kleine details gespitst te zijn op signalen die om respons vragen, op mogelijkheden voor kwaliteitsverbetering.

> Hij draagt zorg voor alles, maar doet niets buiten de opdracht van zijn abt om. Hij houdt zich aan wat hem bevolen wordt. Hij mag de broeders niet grieven. Zou een broeder hem iets onredelijks komen vragen, dan moet hij hem niet grieven door hem vanuit de hoogte te behandelen, maar nederig weigere hij met opgave van redenen wat ten onrechte gevraagd werd.

De kellenaar heeft een gedelegeerde verantwoordelijkheid. Hij voert het dagelijkse beheer over *alles* in het klooster, maar met aandacht luisterend naar degene die de eindverantwoordelijkheid draagt. De gemeenschap en de organisatie zijn er namelijk niet mee gediend wanneer het middenmanagement eigen wegen gaat, niet meer gericht op wat heilzaam is voor het geheel. Maar gelijk opgaand met het respect en de eerbied jegens de abt dient de kellenaar ook de broeders die hem iets vragen met eerbied en respect te behandelen en te woord te staan – zelfs als die hem iets onredelijks vragen. Benedictus kende, net als wij, ongetwijfeld de veelvoorkomende situatie dat de kleinere baasjes de neiging hebben om 'naar boven' wat braaf en slijmerig te doen (ondertussen zoveel mogelijk het eigen rijkje afschermend) en 'naar beneden' uit de hoogte te doen en te grauwen en te snauwen. Beide houdingen zijn funest voor het samenleven en samenwerken. Met name het 'grieven' van de broeders werkt als een schep zand in een draaiende machine. Er is een rechtstreekse relatie tussen onheuse en grievende behandeling en ziekteverzuim. En naast ziekteverzuim heeft de gegriefde medewerker nog andere mogelijkheden van 'wraak': de zaken traineren, mopperend medegegriefden aantrekken, half werk leveren, afspraken 'vergeten' en andere vormen van innerlijk weigeren. Alleen al financieel zijn de gevolgen van deze infectie van het 'grieven' enorm kostbaar. Anselm Grün voert in zijn boekje over de kellenaar het voorbeeld van General Motors aan, dat in 1995 meer geld uitgaf vanwege ziekteverzuim en andere 'gezondheidsproblemen' dan aan de staalinkoop. Maar er zijn ook nog andere gevolgen: aan een organisatie waar intern door grievend gedrag een onvriendelijk klimaat heerst, met steeds weer 'winnaars' en 'verliezers' in de machtsverhoudingen, wil je je niet blijvend committeren. Dat betekent veel verloop, invalkrachten en dure trainingen van nieuw personeel.

Een van de redenen voor interne onvrede in een organisatie is onheldere of afwezige argumentatie rond besluiten en beleidsplannen. Benedictus benadrukt dat ook het soms noodzakelijke nuchter en bezonnen nee zeggen van de kellenaar niet als willekeur mag overkomen, maar met transparante redenen moet worden gelegitimeerd. Voor het ja zeggen moet dat natuurlijk ook gelden.

De veeleisende taak van de kellenaar vraagt, net zoals we dat eerder bij de abt zagen, aandacht voor de eigen ziel, en van daar uit aandacht voor de zielen die aan hem zijn toevertrouwd.

> Hij wake over zijn ziel, steeds het woord van de Apostel indachtig, dat 'wie zijn taak goed volbrengt, zich een goede plaats verwerft'. Bijzonder veel zorg moet hij besteden aan de zieken, de kinderen, de gasten en de armen, wel wetend, dat hij over hen allen rekenschap zal moeten afleggen op de dag van het oordeel.

Opnieuw geldt dat alleen wie goed voor de eigen ziel zorgt de zielen van anderen in beweging kan zetten. Vanuit een innerlijke rust ben je beter in staat bij anderen kwaliteit op te roepen dan wanneer je gejaagd en zelf niet georiënteerd bent.

Leidinggeven is een spirituele taak. In de woorden van Anselm Grün: 'Leiden betekent allereerst mensen tot leven wekken, leven uit hen naar buiten lokken. Leiden is de kunst de sleutel te vinden die de schatkist van je medewerker kan openen.' Leiden is educatie, een opvoedend uitleiden (*educere*), mensen verleiden tot rijping te komen, te groeien in hun taak, zodat ze er plezier in krijgen dat zó hun zieltje tot een ziel wordt.

Dat *alles* van de juiste *spirit* doortrokken moet zijn komt mooi tot uitdrukking in de aansluitende verzen uit het kellenaarshoofdstukje:

> Alle gerei en bezit van het klooster moet hij beschouwen als vaatwerk dat aan de altaardienst gewijd is. Niets mene hij te mogen verwaarlozen.

Er is geen scheidslijn tussen het heilige (de altaardienst) en het simpelste werk (afwassen). De altaardienst zou aan spirituele kwaliteit inboeten wanneer de huishouding wordt verwaarloosd. De huishouding floreert meer naarmate de altaardienst eerbiediger wordt gecultiveerd. In een klimaat van '*niets* verwaarlozen' (het gebouw goed in de verf, mooi gereedschap, de toestand van de toiletten, de netheid van je serviceauto's, de leesbaarheid van het jaarverslag, een smaakvolle bedrijfsinrichting – de lijst kan eindeloos worden uitgebreid) komt de waarde van alles tot zijn recht en straalt je organisatie uit dat er een goede *spirit* heerst. Maar die uitstraling zou onecht zijn als niet op enigerlei wijze de 'altaardienst' wordt gecultiveerd: gelegenheid geven voor bezinning en studie, successen vieren, feestdagen serieus nemen, met het managementteam geregeld enkele dagen van stilte, cultuur en rustig overleg vrijmaken.

Ook elementen uit het volgende paragraafje laten zich vertalen:

> Hij mag niet gierig zijn, maar ook geen verkwister die het bezit van het klooster verspilt; alles daarentegen moet hij doen met gevoel voor maat en in overeenstemming met de opdracht van de abt. Hij moet vooral nederig weten te zijn; en als hij iemand niets geven kan, moet hij hem minstens een vriendelijk woord aanreiken, zoals er geschreven staat: 'Een goed woord is meer waard dan de beste gave.' Alles waarmee de abt hem belast heeft, is aan zijn zorg toevertrouwd; maar hij mag zich niet inlaten met zaken die hem verboden zijn.

Voor een deel gaat het om een herhaling van eerdere richtlijnen: niet verkwisten, de relatie met de abt en diens eindverantwoordelijkheid, maatgevoel. Nieuwe elementen zijn de 'nederigheid' en het belang van het goede en vriendelijke woord. Het woord 'nederigheid' kan gemakkelijk vergelijkbare misverstanden oproepen als eerder de term 'godvrezend'. Je denkt al snel aan vroom jezelf wegcijferen, jezelf klein maken en houden. Maar dat zou een gebrek aan respect voor je eigen waarde en integriteit zijn. Met *humilitas* wordt dan ook iets anders aangeduid: het is een vermanende herinnering aan de leidinggevende, aan zijn eigen aardsheid (van *humus*) en broosheid. Vanuit dat besef zie je het zwakke in de ander in een milder licht. Dat kan vervolgens een stimulans zijn om hoffelijk met elkaar om te gaan. Een klimaat van hoffelijkheid en respect in de omgang tussen leidinggevenden en medewerkers werkt als balsem in de organisatie, zoals lompheid en willekeur vergif injecteren. En zoals het verkeerd gekozen en kwetsende woord mensen kan doen verschrompelen en verlammen – Anselm Grün noemt dit 'geistige Umweltverschmutzung' – zo kan het goede en vriendelijke woord mensen doen oprichten en tot bloei laten komen. Opnieuw gaat het om een houding van de leider die veel *discretio* en aandacht vergt, en een adequate respons op de signalen die hij opmerkt.

> Hij verstrekt de broeders hun vastgestelde rantsoenen zonder een spoor van hooghartigheid en zonder vertraging om hen geen reden tot ontevredenheid te geven, indachtig de straf die volgens een woord van God hij verdient 'die reden tot ontevredenheid geeft aan een der kleinen'.
> Als de gemeente talrijk is, krijgt hij hulp, zodat ook hijzelf met die bijstand gelijkmoedig de taak kan vervullen die

hem is toevertrouwd.
Op de daartoe geschikte tijd wordt verstrekt wat verstrekt moet worden, opdat niemand in het huis van God zijn gemoedsrust verliest of gegriefd wordt.

Het klinkt bijna als een litanie: geen hooghartigheid, geen traagheid, geen redenen tot ontevredenheid geven, het nodige verstrekken, en wel op tijd – hoeveel bazen hebben niet de neiging net iets minder dan het nodige te geven, en liefst wat te laat? Benedictus stelt daartegenover: niet grieven, geen vallen zetten voor je medewerkers, hun gemoedsrust in het oog houden. Maar er komt ook een nieuw element bij: het belang tijdig assistentie te krijgen wanneer je taak te omvangrijk wordt. Want anders komt de gelijkmoedigheid van de leidinggevende in gevaar – met alle gevolgen van dien. Slordig, haastig en versnipperd leiderschap is zonde, in veel opzichten. De eindverantwoordelijke die de signalen van overbelasting van zijn stafmedewerkers wel ziet maar er uit zuinigheid geen adequate respons op geeft is, zoals de Engelse uitdrukking luidt, *penny wise and pound foolish*.

De abdij wordt in dit fragment 'huis van God' (*domus Dei*) genoemd. Men zou deze benaming voor elk 'huis' kunnen overwegen dat een goede plek van samenleven en samenwerken wil zijn, een plek waar zaken en mensen floreren. Zo'n houding kan ook zinvol zijn voor wie de gelovige context van Benedictus niet deelt. Het is als in de anekdote over het gelukbrengende hoefijzer en de fysici Einstein en Bohr, die in de inleiding van dit boekje wordt genoemd: het werkt tóch om je organisatie te leiden als een *domus Dei*, met de leider als huishouder – *oikonomos*, in het Grieks. Benedictijns leiderschap is in een heel fundamentele zin *economisch*.

IV
BENEDICTIJNS TIJDMANAGEMENT: EEN GEVULDE AGENDA, MAAR NOOIT DRUK

Leven in een heilzaam ritme

In het eerste hoofdstuk, waarin werd uitgegaan van mijn eigen eerste kennismaking met benedictijns leven, noemde ik al mijn eerste lessen in de benedictijnse omgang met de tijd: het heilzame ritme van een geordende dagindeling, de klok die steeds aangeeft dat met iets begonnen moet worden of dat het tijd is ergens mee op te houden, een werkhouding die niet zozeer op het 'afhebben' van het werk is gericht, maar op het werk zélf, het serieus nemen van perioden van inspanning én van ontspanning. Elk van deze elementen wordt in dit hoofdstuk kort uitgewerkt. De paradoxale conclusie zal zijn dat in een benedictijns omgaan met de tijd je agenda *helemaal* gevuld is én dat je het *nooit* druk hebt.

Net als bij de andere benedictijnse kwaliteitsregels moet erop worden gewezen dat er een flinke afstand zal bestaan tussen het besef van de juiste houding en de realisering daarvan. Monniken en monialen kunnen overspannen raken, haast komt ook in kloosters voor, menige lezing over benedictijns leven bereidde ik onder tijdsdruk en in redelijk 'gestresste' omstandigheden voor. Maar dat neemt niet weg dat het goed is om je af en toe in herinnering te brengen dat het ook ánders kan, en dat je realistische stapjes in de goede richting kunt zetten.

Het zal daarbij inderdaad om *stapjes* moeten gaan, zoals altijd in processen die als *conversio morum* kunnen worden aangeduid. Meteen alles helemaal anders – zo'n stap is niet te nemen. Ook slechte gewoonten met betrekking tot het gaan en staan in de *tijd* kunnen zich alleen geleidelijk, en met veel vallen en opstaan, naar een betere en heilzamere houding ontwikkelen. Goede gewoonten moeten inderdaad worden *geoefend*, zoals wanneer iemand met een taaie vasthoudendheid dagelijks een halfuur reserveert voor het oefenen op zijn muziekinstrument, onafhankelijk van zin of toegevend aan verleidelijke alternatieven. De dagelijkse progressie zal minimaal zijn, maar na een jaar stelt ook de muzikale leek beslist de vruchten vast. Die taaie vasthoudendheid is opnieuw een kwestie van *stabilitas*.

De stapjes naar een beter omgaan met de tijd zullen inderdaad ook *realistisch* moeten zijn. Het nastreven van het abdijritme, met zes of zeven gebedsmomenten per dag, enkele uren *lectio divina*, vaste recreatietijden, enzovoort, in een redelijk veeleisend beroepsleven of in een gezin – dat is onrealistisch en levert slechts frustraties op. Het gaat erom een ritme te vinden dat wél bij je past. Wat dat betreft moet je als een goede abt voor jezelf zijn: geen eisen aan jezelf stellen waar je aan onderdoor zou gaan, en aan de andere kant de lat wel zó hoog leggen dat er dagelijks iets te reiken overblijft.

Een essentieel stapje vooruit is de ontwikkeling van een passende dagorde: een indeling van de dag die de dag een ritme geeft, met een redelijk vast patroon van inspanning en ontspanning, van geestelijk inademen en uitademen, van je omgeving op orde brengen en momenten waarop je met iets moois in contact bent.[13] Zo'n dagorde, die voor iedereen verschillend zal zijn, is tegelijk voor iedereen heilzaam: voor de actieve professional en voor de gepensioneerde, voor de student en voor de arbeidsongeschikte, voor de huisman en voor de bisschop, voor de promovendus met een dwingende deadline en voor de geleerde met een *sabbatical year*. Dat laatste kan merkwaardig lijken, maar uit eigen ervaring en die van anderen weet ik dat ook zo'n periode van vrije studie en ontspannend opfrisverlof frustrerend vruchteloos door je vingers kan glijden, tenzij je ook in die situatie je dag op een bij die situatie passende wijze structureert. Dat *passend* is steeds essentieel, en wanneer je niet samenleeft en samenwerkt met broeders en zusters die in hetzelfde ritme leven – en dat geldt voor de meesten van ons – dan zullen dagelijkse aanpassingen onvermijdelijk én verstandig zijn. Toen ik zelf geleidelijk het verlangen kreeg om als het ware op afstand en in aangepaste vorm in het ritme van de abdij te leven, was ik aanvankelijk te star. Ze sluiten daar om kwart voor negen de dag af met de completen, en ik wilde me daarbij ook op afstand aansluiten. Maar er kwamen voortdurend dagen dat ik door vergaderingen, lezingen en andere omstandigheden om kwart voor negen met heel andere zaken bezig was. Dat leverde niet alleen een licht ongenoegen op (de *murmuratio* kan aan alles ontspringen), maar later thuisgekomen nam ik geen kwartiertje meer om de dag op een rustige manier af te sluiten. Tot ik eens op bezoek was bij een klein groepje monniken in Zweden. Ook op hun gastenkamertje lag een dagorde. Maar ik merkte dat ze daar flexibel mee omgingen. Alledrie hadden ze ook verplichtingen buitenshuis. Maar ze startten hun dag gelijk, en ze sloten hun dag gelijk. Met een van hen, de prior, reed ik in de vooravond naar een benefietconcert op een kasteel enkele tientallen kilometers verderop. Daarna was er een receptie. Thuis hadden de twee anderen op ons gewacht. Het tijdstip voor de completen was al voorbij, dus ik vermoedde dat we ons naar de kleine kapel moesten haasten. Maar de prior trok op de veranda wat stoelen bij elkaar, trakteerde ons op een biertje, en we spraken over het concert. Pas daarna zongen we alsnog de completen. Toen ik hier later een opmerking over maakte, zei de prior: 'Het tijdstip van de completen is bij ons nogal flexibel, maar we zingen ze altijd.' Orde met flexibiliteit: dat is typisch benedictijns.

Binnen het ritme van zo'n flexibele orde zijn vervolgens vier essentiële vaardigheden te oefenen: de kunst van het beginnen, de kunst van het ophouden, de kunst van de juiste houding tussen het beginnen en het ophouden, en de kunst respectvol rekening te houden met de 'seizoenen' van de dag.[14]

De kunst van het beginnen

Op nogal wat plaatsen in zijn *Regel* benadrukt Benedictus dat tussen appèl en respons een zo klein mogelijke afstand moet bestaan. Want hoe groter die afstand, hoe minder adequaat de respons kan zijn. Aandachtig luisteren en respons geven zouden als het ware in één soepele beweging in elkaar over moeten gaan, zonder inwendig en uitwendig treuzelen en gemor. Het gehoorde woord voert onmiddellijk tot de gepaste daad. Het klokje voor het gebed luidt en je legt je werk neer. Zonder dralen, maar met waardigheid spoed je je naar de kapel. En hetzelfde geldt voor elk moment van de dagorde: de aanvang van de maaltijden, het begin van de recreatie, de aanvang van het werk. Het feit dat Benedictus het belang van dit onmiddellijk respons geven zo vaak onderstreept, hangt zonder twijfel samen met zijn (en onze) ervaring dat werkelijk *beginnen* moeilijk is. We moeten met een klus beginnen die we moeilijk of vervelend vinden. We zijn dan vaak buitengewoon vindingrijk in het uitstellen daarvan. Met veel oppervlakkig vertoon van dynamiek en drukte doen we van alles – telefoneren, e-mails beantwoorden, schema's voor de volgende week opstellen, nog vlug een faxje sturen, vergaderen – behalve werkelijk beginnen met die klus. Het is heel goed mogelijk om je de hele dag op je kantoor of aan je werktafel thuis vol ijver op allerlei verkapt uitstelgedrag uit te leven en daar 's avonds nog behoorlijk moe van te zijn ook, zonder maar een minuut écht gewerkt te hebben. En zelfs wanneer je de zaak die je aandacht zou moeten hebben wel voor je hebt neergelegd, zijn er weer subtielere vormen van pseudo-activiteit waardoor je opnieuw *geen* respons geeft op wat er van je gevraagd wordt. Uitwendig heb je je misschien aan het 'klokje' geconformeerd, maar inwendig ben je nog helemaal niet begonnen.

Benedictijns beginnen is een uitwendig én inwendig beginnen onmiddellijk 'als het klokje klinkt', meteen instappen in het werk (of de recreatie of wat dan ook) op het tijdstip dat je daarvoor hebt bepaald en je erin oefenen elk uitstelgedrag – hoe subtiel ook – bij jezelf te signaleren en te elimineren. Dit is allemaal even voor de hand liggend als moeilijk. Maar met oefening en vasthoudendheid kan de afstand tussen het 'klokje' en het werkelijk beginnen geleidelijk kleiner worden. Eerst zal ik nog treuzelend en aarzelend 'maar eens beginnen' omdat het 'nu eenmaal tijd is', maar gaandeweg kan dat overgaan in de goede gewoonte meteen in het diepe te stappen als het startsignaal gegeven is. Het uitwendig conformeren aan het klokje kan een inwendige gewoonte worden.

Een mooie illustratie van dat onmiddellijk respons geven op wat er 'voor je ligt' zag ik eens in een televisie-interview met de zanger Dietrich Fischer-Diskau. Die is van zichzelf al rustig en geconcentreerd, zoals je merkte aan de zorgvuldige manier waarop hij op de vragen inging. Maar af en toe liet de interviewer een muziekfragment horen. De zanger nam steeds onmiddellijk een iets andere houding aan, liet het hoofd een beetje zakken alsof hij naar binnen keek en zat onmiddellijk *in* de muziek – alsof iemand (hijzelf) een knop omdraaide. Hij *werd* meteen muziek, was onmiddellijk in contact met een levensbron van waarde. Dát is benedictijns beginnen.

Hiervoor ging het over een flinke klus waarmee het echt beginnen moeilijk is. Maar dit kan worden doorgetrokken naar kleinigheden. Je ziet kleine signalen die eigenlijk om een snelle respons vragen. Maar ook die stel je uit. 'Daar kijk ik morgen wel eens naar, het is maar een kleinigheid.' Niet zelden vergeet je het, of je stelt het morgen opnieuw uit, en voordat je het weet is het geen kleinigheid meer. Elke dag biedt wel mogelijkheden voor kleine maar snelle 'responsjes' waarmee je snel iets recht kunt zetten, een blijk van waardering kunt geven, een klein duwtje in de goede richting kunt geven. Er is alertheid voor nodig om deze kleinigheden op te pakken (*ausculta*), een goed onderscheidingsvermogen om vast te stellen of een respons urgent en mogelijk is, en een gecommitteerde bereidheid om zo nodig snel te reageren – *conversio* in het klein.

Ook deze kleine *conversio* is moeilijk; liever kijken we de andere kant op. Maar deze kleine verloocheningen, dit kleine niet beginnen – het is slecht voor de ziel. Je kunt een heel spoor van talrijke kleine gemiste kansen achter je aan slepen, dat schadelijker en drukkender kan worden dan je per kleinigheid zou kunnen vermoeden. Met een oud woord: dit is *zonde*. Omgekeerd kun je door oefening de gewoonte kweken om waar mogelijk en gepast meteen en van harte respons te geven aan kleine zaken. Ook op microniveau is – opnieuw een oud woord – *heiliging* mogelijk.

De kunst van het ophouden

Beginnen is moeilijk, maar ophouden ook. Dat geldt allereerst in puur chronologische zin. Vooral wanneer je extra verantwoordelijkheid draagt en er vele taken op je bordje liggen is er de begrijpelijke neiging geen rust te nemen en maar door te werken. Dat lijkt verantwoordelijk, maar dat is het niet. Te lang doorgaan is bijna synoniem met 'fouten maken'. Bovendien neem je niet de momenten van rust en ontspanning die nodig zijn om fris en levendig te blijven.

Niet alleen een overvolle agenda kan je verleiden maar door te gaan, maar ook het simpele feit dat het net zo lekker loopt. Dan kan het irritatie, getreuzel (maar nu van een ander soort) en gemor oproepen dat het 'klokje' zegt dat het tijd is voor de middagwandeling of je avondportie mooie muziek. Maar ook het positieve werk moet tijdig worden beëindigd. Ervaren schrijvers en componisten weten dat je moet stoppen juist als je het gevoel hebt dat je nog een flink stuk door kunt gaan, en niet pas als je je moe en uitgeperst voelt.

Maar ook in meer psychologische zin is ophouden moeilijk. Weliswaar kun je je in uitwendige zin conformeren aan het appèl van het klokje en je werk neerleggen omdat het tijd is voor recreatie, maar inwendig blijf je nog volop bezig. Die toch al te lange vergadering is weliswaar voorbij, maar naar huis fietsend ben je er nog steeds mee bezig. Inwendig mopperend over de stommiteiten van anderen en jezelf rij je naar huis. Blind en doof voor de mooie omgeving trap je je door de kilometers. Dat is driedubbel *zund*, zoals ze dat in het Brabants zeggen. Om te beginnen is die vergadering voorbij en is er geen enkele invloed meer op uit te oefenen; een herhaling van verkeerde zetten of nu bedenken wat je voor slims of vernietigends had willen zeggen is dus zinloos. Ten tweede is dit mokkend en morrend herkauwen en snode plannen smeden slecht voor de ziel. Dat werkt inwendig vergiftigend, en ook gekanker dat niemand hoort kan je inwendig opvreten. En ten derde sta je niet open voor wat de omgeving je te vertellen heeft, waardoor je op adem zou kunnen komen.

Benedictijns ophouden betekent in zo'n situatie het besef toelaten: nú zit ik op de fiets, nú rij ik door deze mooie polder. Natuurlijk zullen ook in zo'n houding gedachten, gespreksflarden en irritaties opkomen, maar met wat oefening laat je dat gewoon gebeuren en blijf je er tegelijkertijd niet in *hangen* (gemor kan een waar moeras worden) door de aandacht bewust te richten op iets positiefs: het landschap, het silhouet van de naderende stad, een paar mooie dichtregels die je in dit verband te binnen schieten, vogelgeluiden die je probeert thuis te brengen. Zo'n houding biedt driedubbele winst: je bent door een heel andere wereld naar huis gefietst, je brengt een ander hoofd thuis (dat is prettiger voor de huisgenoten dan een mopperhoofd) en de vervolgbespreking ga je met minder oud zeer in. Door dit met vallen en opstaan, maar ook met een zekere taaiheid vol te houden (*stabilitas*) kweek je een gezonde gewoonte aan. Eerst goed vergaderen, knop omdraaien, dan goed naar huis fietsen. Dit lijkt misschien simpel én naïef, maar de praktijk is zoals steeds moeilijk én (mits volgehouden) gezond makend.

Het gegeven voorbeeld ging uit van ophouden met iets negatiefs. Maar zoals eerder gezegd: ook het positieve dient beëindigd te worden als de tijd daarvoor gekomen is. Niet alleen omdat het beter is met een goed dan met een uitgeknepen gevoel je werk neer te leggen, of de aangename conversatie tijdens de recreatie daadwerkelijk en op een passend moment te beëindigen (voordat je in het leuterstadium bent terechtgekomen). De belangrijkste reden om op de juiste wijze met het ene op te houden is om het andere met de juiste houding te beginnen. De kunst van het beginnen en de kunst van het ophouden veronderstellen elkaar.

De kunst van de ontspannen waardigheid tussen beginnen en ophouden

Tussen het klokje van het beginnen en het klokje van het ophouden is er tijd die ergens voor staat, en is er de *houding* waarmee je in die tijd staat en gaat. Niet zelden wordt de aandacht flink in beslag genomen door zaken die daarbuiten liggen. We zijn zaken van eerder aan het herkauwen of we maken ons alvast zorgen over wat er aan staat te komen. Je bent én nog niet echt begonnen én al aan het ophouden. Zo'n houding is opnieuw driedubbel *zund*: het verleden is geweest, wat nog moet komen heeft later aandacht nodig (en krijgt het dan op deze manier overigens ook weer niet), en het ergste is: de taak die voor ons ligt krijgt niet de volle aandacht. Deze houding vreet energie en veroorzaakt een weglekken van kwaliteit. Benedictijns werken houdt allereerst in dat de aandacht wordt afgewend van wat geweest is en nog komen moet (opnieuw *conversio*) en dat er gehoor gegeven wordt aan wat er nu gedaan moet worden (opnieuw *obedientia*). Het blikveld van de aandacht heeft zichzelf begrensd tot het stukje tijd tussen beginnen en ophouden.

Maar daar komt nog iets belangrijks bij. Zelfs wanneer het je met vasthoudende oefening (opnieuw *stabilitas*) lukt om het blikveld van je aandacht te beperken tot de taak die nu voor je ligt, dan is er toch weer de verleiding om vervolgens gericht te zijn op iets ánders, namelijk het áfhebben en gereed zijn van die taak. Daar lijkt op het eerste oog niets mis mee te zijn. Dat artikel moet toch af, die vergadering moet toch met vrucht worden afgerond, die fiets moet toch worden gerepareerd, dat contract moet toch worden getekend? Dat is ook zo, en Benedictus zou de laatste zijn om te ontkennen dat ons aandachtig luisteren uiteindelijk op resultaat is gericht. Maar door tijdens het werk, de lectuur, zelfs de recreatie psychologisch vooral gericht te zijn op het 'afhebben' daarvan – wat zal ik blij zijn als dit artikel eindelijk af is, deze lastige vergaderagenda afgestreept is, enzovoort – ligt de aandacht opnieuw niet daar waar die hoort te liggen: bij de fase van het werk waar ik nú mee bezig ben. Bovendien, door tijdens het werken het gereedkomen als doel te zien (en dat ís natuurlijk ook een doel), ligt de volledige aandacht niet alleen onvoldoende bij het werken zélf (wat het meest zou bijdragen aan de kwaliteit van het doel), maar voel je tijdsdruk en wordt het tempo hoger dan bij optimaal werken zou passen. Ook dat brengt kwaliteitsverlies mee. Benedictijns werken – en lezen, en bridgen tijdens de recreatie, en een nieuw muziekstuk instuderen tijdens de vrije tijd – houdt in: onmiddellijk beginnen met wat er te doen staat, dat je volle aandacht geven (ongehinderd door iets anders – dat krijgt straks je volle aandacht, of heeft dat al gehad), die aandacht rustig en waardig laten zijn, en – heel belangrijk en heel moeilijk – in zekere zin onbekommerd over het afkrijgen ervan. Als het klokje zegt dat nu iets anders moet worden aangepakt, dan leg je het ene neer (dat krijgt later wel weer aandacht) en begin je in dezelfde houding aan het andere. Zó heb je het in zekere zin 'nooit druk', omdat je als het ware in een kalme doorgaande lijn de zaken 'een voor een' je aandacht geeft, inclusief je momenten van ontspanning en voeding.

Dit lijkt even onhaalbaar als naïef, en bovendien moeilijk te combineren met een naar het schijnt hectische tijd, met een overvloed van parallelle taken en snelle communicatiemogelijkheden. Toch zijn er in ieders omgeving wel mogelijkheden om iets van deze houding in praktijk te brengen. De vaak zonder meer gunstige en versnellende communicatietechnieken van faxen en e-mailen verleiden tot een snelle, haastige en dus niet-adequate respons, niet zelden ten koste van waar je al mee bezig was, dus resulterend in een dubbel kwaliteitsverlies. Toen ik bij mezelf begon te merken dat ik in mijn werk als directeur van een organisatie aan die verleiding toegaf en me meer gehaast en onder druk gezet begon te voelen, heb ik (met herhaaldelijke terugval in deze zonde) een kleine vorm van *conversio* ingevoerd. Ons secretariaat is heel goed in staat om te onderscheiden wat er van de binnengekomen faxberichten en elektronische post wérkelijk urgent genoeg is om mij een andere taak te laten onderbreken. Maar voor het overige komt alles aan de beurt als ware het de gewone post en het wordt daar ook tussengevoegd – op volgorde van binnenkomst, en wel in de tijdsblokjes die ik voor correspondentie in mijn dagorde reserveer, me er niet om bekommerend als daarin niet álles kan worden afgewerkt. Dat heeft bij mij wat onrust weggenomen en tot enige bescheiden kwaliteitsverbetering geleid. Bij de afzender leidt dat overigens wel eens tot verbaasde reacties, zoals blijkt wanneer men opbelt wanneer ik niet snel genoeg reageer. De volgende conversatie voer ik geregeld in diverse varianten: 'Heb je mijn mailtje gehad?' – 'Jazeker' – 'En wat is je reactie?' – 'Dat weet ik nog niet. Je brief is om te beginnen nog niet aan de beurt, en als dat wel zo is, zal ik nog moeten nadenken. Maar dan beloof ik dat ik aan je voorstel dezelfde aandacht zal geven als aan de vraag van een ander die nu voor me ligt.' Zo biedt elke context wel mogelijkheden voor een heilzamere tijdsdiscipline.

Dat geldt ook voor het werktempo. Door de concentratie te richten op wat voor je ligt en de meest nabije volgende stap – niet jagend naar een ver toekomstig doel – wordt ook het tempo kalmer. De onervaren wandelaar in de bergen gaat meestal te snel omhoog en moet dan algauw in de berm uitblazen. De ervaren bergbewoner heeft een langzamer maar constant tempo en bereikt eerder de top. Een kennis van me moest eens een flinke lap tuingrond omspitten en had een al wat oudere maar taaie dorpsgenoot ingehuurd om te helpen. Ze begonnen tegelijk: mijn toen nog jeugdige collega energiek en in een stevig tempo, zijn dorpsgenoot werkte ogenschijnlijk een beetje aan de langzame kant en leek geleidelijk achterop te raken. Maar na een uur zat mijn collega met pijn in de rug in een tuinstoel uit te blazen; de ander, die inmiddels al wat voor lag, spitte gestaag door. De situatie aan het eind van de klus laat zich gemakkelijk raden. Wanneer je ervaren ambachtslieden observeert tijdens het werk zie je dezelfde houding: ze werken kalm maar gestaag en zorgvuldig. Ook bij meer geestelijk werk werpt zo'n houding vruchten af. De fysicus Hendrik Casimir (1909-2000) schrijft in zijn mooie intellectuele biografie *Het toeval van de werkelijkheid* hoe hij in 1937-1938, toen hij enkele maanden te gast was op een van de *colleges* in Cambridge, daar de 'kunst ontdekte om op je gemak heel hard te werken'. Een benedictijnse werkhouding is hiermee verwant, net als bij die abt die zijn novicen adviseerde om in de kapel dezelfde houding te hebben als in de recreatie: ontspannen; en bij de recreatie dezelfde houding als in de kapel: met waardigheid. Ook met een volle agenda kun je er dagelijks naar streven je werk ontspannen én met waardigheid te doen. En het is de kunst die houding van ontspannen waardigheid zelfs dán te bewaren wanneer het lijkt of je takenpakket het onmogelijke van je vergt. In de *Regel* wordt aan die situatie, die Benedictus dus niet onbekend moet zijn geweest, een eigen hoofdstukje gewijd: 'Als een broeder iets onmogelijks krijgt opgedragen' (hoofdstuk 68):

> Wanneer een broeder eens ooit iets moeilijks of onmogelijks wordt opgedragen, moet hij niettemin het bevel van zijn lastgever met alle zachtmoedigheid en gehoorzaamheid aanvaarden. Als hij ziet dat de zwaarte van de opgelegde last de maat van zijn krachten volstrekt te boven gaat, kan hij geduldig en tactvol aan zijn meerdere gaan uitleggen waarom het hem onmogelijk is, maar zonder hooghartigheid, tegenstand of tegenspraak. Als na die uiteenzetting de overste bij zijn inzicht en bevel blijft, dan wete de ondergeschikte dat het zo het beste voor hem is en gehoorzaamt hij uit liefde en vertrouwend op Gods hulp.

Op het eerste oog een tekst vol van een voor ons bijna onverteerbare braafheid en dociliteit. Maar ook hier is een vertaling mogelijk die Benedictus' inzichten voor ons vruchtbaar kan maken.[15]

Het gaat hier duidelijk niet om iets wat alleen maar een beetje lastig en moeilijk is, maar om een opdracht die boven je macht lijkt te liggen. Toch wordt er door je overste (en soms ben je dat gewoon zelf) een respons op deze situatie gevraagd. Ons spontane antwoord zou zijn: niet aan iets beginnen of iets erbij nemen dat je toch niet aankunt. Maar Benedictus suggereert dat ook een heel andere respons mogelijk is, en wel een respons die je als het ware in drie stadia en niveaus verder kan brengen dan een simpel 'dit kán ik gewoon niet'.

De eerste stap is gehoor geven aan deze onmogelijk schijnende opdracht en er met een 'zacht gemoed' (dus zonder harde tegenzin) het beste van proberen te maken: *give it a try*. Wie weet onderschatten we wat er in ons steekt, en bevinden we ons in de gelukkige situatie dat een aandachtige abt, die immers moet zorgen dat er voor de sterken nog iets te verlangen overblijft, inziet dat we nú aan iets toe zijn dat voorheen nog niet bereikbaar zou zijn geweest. Tot onze verrassing zouden we wel eens kunnen ontdekken dat het voorheen onmogelijke nu gedaan kan worden.

Maar de abt of wijzelf zouden onze mogelijkheden ook verkeerd ingeschat kunnen hebben, en de lat blijkt écht te hoog te liggen. Nu suggereert Benedictus een fase van beraad met de overste (of met jezelf natuurlijk). Dat beraad vereist een eigen zorgvuldigheid: het moet op het juiste moment en op de juiste wijze gevoerd worden. Dit beraad kan tot het bevrijdende inzicht leiden dat de tijd voor deze taak nog niet rijp is, en onbelast door frustratie kunnen we ons richten op wat we wél aankunnen. Maar het kan ook zijn dat de situatie zo is dat we naar de onmogelijke taak worden teruggestuurd (of dat we dat zelf doen), bijvoorbeeld omdat die klus er nou eenmaal wél ligt en er niemand anders voor beschikbaar is.

Nu komt er een interessante en wijze derde suggestie: alsnog gehoor geven, en dan niet met de tanden op elkaar en met verkrampte wilskracht, maar 'uit liefde en vertrouwend op Gods hulp', of meer seculier gezegd: *do it with a smile*. Soms is het dan zo dat je juist in een houding van 'ontkramping' en 'vertrouwvolle' ontspanning alsnog je eerdere grens overschrijdt. Maar lukt het niet of maar matig, ook dan is een houding van ontspannen waardigheid, zonder zuur zelfverwijt of wrokkig gemopper op je overste, de beste manier van respons geven op het moeilijke en onmogelijke.

'Vrucht dragen in het seizoen'

In het al eerder aangehaalde boekje van David Steindl-Rast, *De muziek van de stilte – een dag uit het kloosterleven*, wordt heel aansprekend beschreven hoe de verschillende getijden van de kloosterdag (metten, priem, lauden, sext, noon, vespers en completen) elk hun eigen tonaliteit hebben, en de dag als het ware in seizoenen indelen. En elk van die seizoenen kent zijn eigen vruchten. De nachtwake is een openstaan, een volhoudend wachten op wie komen zal. De dag wordt samen zingend geopend met de priem (vaak samengetrokken met de lauden) in de vroege ochtend en is een moment om onze houding bij het begin van het werk in orde te brengen: niet om daar zo snel mogelijk vanaf te zijn, maar om elk moment te zien als een kans om van harte respons te geven. Dat zal natuurlijk niet voor de volle honderd procent gaan lukken – het is goed en realistisch om al aan het begin van de dag het realistische besef te hebben dat er momenten zullen zijn van slecht luisteren, ontrouw en gebrekkige respons. De korte sext herinnert ons eraan dat we gedurende de dag steeds opnieuw kunnen beginnen. Dat is dan ook nodig: de goede bedoelingen en de energie van de ochtend ebben weg. Het is een goede gewoonte om halverwege de werkdag de zaken even neer te leggen en ons te richten op oriëntatiepunten van waarde. Dat kan je nieuwe bezieling geven en je rug rechten; want het is maar al te verleidelijk om te gaan klungelen en half werk te leveren, om mee te bewegen met de 'morele zwaartekracht' – die altijd omlaag is gericht; juist door 'uit den hoge' iets aangereikt te krijgen kan de lastige beweging 'tegen de zwaartekracht in' worden gestimuleerd. Halverwege de middag – de noon – kennen velen van ons een 'dip', het 'noenduiveltje': opnieuw is er de verleiding de boel de boel te laten, en weliswaar braaf aan je bureau of elders in oppervlakkige zin bezig te blijven, maar eigenlijk al naar huis te gaan. Het is goed dan even te onderbreken, op een of andere manier geestelijk adem te halen, en opnieuw aan de slag te gaan, zij het in het realistische besef dat je energie eindig is en er gelukkig morgen waarschijnlijk weer de gelegenheid zal zijn respons te geven. De vesper, aan het einde van de werkdag, is het moment om op enigerlei wijze je werkkleding af te leggen. Het is ook een moment om je te verzoenen met spanningen en falen van jezelf en anderen. Na de vespers krijgt de dag een andere kleur en een ander tempo. Er is tijd voor lectuur, voor de avondmaaltijd samen, voor de recreatie. Ten slotte komt men nog een keer samen om de dag zingend af te ronden, in het simpele maar warme getijde van de completen: gewetensonderzoek, gebed om vergeving, steeds dezelfde drie psalmen (4, 91 EN 134), loflied van Simeon ('Laat Heer uw knecht nu in vrede gaan'), voorbeden, zegen door abt of prior, het doven van de lichten, een in het donker gezongen Marialied. Dan gaat de nachtstilte in. In de praktijk is het dan nog wat te vroeg om te gaan slapen, maar je leest nog wat in stilte in je cel, of je schrijft enkele regels in je dagboek. In elk geval zijn er geen gemeenschappelijke activiteiten meer, er wordt niet met elkaar gesproken. De tijd voor het slapengaan is een tijd van rust en van alleen zijn met jezelf. Tot je de volgende dag weer samen met anderen zingend (meestal met een nog wat schorre en slaperige stem) de dag opent. In mijn abdij komt in dit verband ook nog op een heel zichtbare wijze het ritme van alleenzijn en gemeenschap-zijn tot uiting. Bij de andere getijden van de dag en bij de viering van de eucharistie stellen de monniken zich in een kloostergang als *gemeenschap* op en ze komen samen twee aan twee het abdijkerkje binnen. Aan het einde van de dienst gaat men als gemeenschap twee aan twee de kapel weer uit. Maar na de completen verlaat men één voor één de kapel, op een zelfgekozen moment. En voor de vroege lezingendienst komt men ook weer één voor één binnen, sommigen wat vroeger, anderen op het nippertje. Tussen nachtstilte en vroege dienst is men vooral *monachus* (wat van *monos* komt, dat 'een', 'enkel' en 'eenzaam' betekent); tussen priem en completen is men ook en vooral *frater*, broeder: naast elkaar zingend, werkend, etend en recreërend.

Dit alles is natuurlijk niet te imiteren in heel andere vormen van samenleven en samenwerken. Maar bepaalde aspecten laten zich gemakkelijk vertalen. Zo is het bijvoorbeeld ook elders goed om rekening te houden met de seizoenen van de dag, en met het feit dat de vruchten van die seizoenen verschillend kunnen zijn. Het is vragen om moeilijkheden en fouten om tegen het einde van de dag nog met een klus te beginnen die om veel concentratie en veel energie vraagt. Zo is het ook zonde om als je fris en krachtig bent in het vroege ochtendlicht slechts te beginnen met heel lichte en onnozele klusjes. Toch gebeurt dat vaak. Heel wat leidinggevenden die voor een deel een bureautaak hebben, beginnen hun werkdag met het doornemen van de post, het bedenken van de eerste reacties daarop, het bellen van enkele mensen over heel uiteenlopende kwesties, diverse instructies geven aan de medewerkers van het secretariaat. De startenergie van de dag raakt al snel versnipperd en verspreid, en bovendien wijst psychologisch onderzoek uit dat je geest datgene wat je het eerst doet als het belangrijkste ervaart, en bij wat volgt al wat minder alert is. In een benedictijnse houding zou de aanpak om deze redenen omgekeerd zijn. Start de werkdag onmiddellijk met datgene op je lijstje wat de meeste aandacht, concentratie en energie vergt, en hou die aandacht en concentratie een flinke tijd vol. En bewaar post, antwoorden en telefoontjes voor het einde van de dag (behalve natuurlijk als er iets urgents om een snelle respons vraagt).

Ook het opnemen van enkele markeringsmomenten van de dag, vertalingen van het ritme tussen priem en completen, kan – mits met enige vasthoudendheid volgehouden – de specifieke kleur en de eigen kansen van de seizoenen van de dag beter en vruchtbaarder doen uitkomen. De mogelijkheden daartoe zullen van situatie tot situatie en van persoon tot persoon verschillen, maar met wat creativiteit zijn er momenten te creëren waarop je even stil bent, vijf minuten de knop omdraait en daarin enkele gedichten met aandacht leest, écht pauze neemt en met enkele medebroeders en -zusters bij een kopje soep over álles praat behalve het werk, de werkweek met attente aandacht voor de mensen om je heen opent en sluit, enzovoort. Zelfs momenten van 'spel' en van 'braak liggen' kunnen en moeten worden ingebouwd: ze zijn van vitaal belang voor een organisatie. Toch laten we die vaak het eerst schieten als we druk en belangrijk worden of wanneer het erom spant. Maar net zoals kinderen niet meer kunnen spelen wanneer ze ongelukkig, bang of ziek zijn, zo is de afwezigheid van 'spel' ook in een organisatie (of het nu om een re-searchgroep, een metaalfabriek of een bisdom gaat) een zeker signaal van angst, ziekte en ongelukkig zijn. Terwijl omgekeerd 'spel' en 'speelsheid' voorwaarden zijn voor het oefenen van de menselijke creatieve functies. Er is een rechtstreekse relatie tussen spelen en creativiteit, tussen braak liggen en nieuwe vruchtbaarheid. Een organisatie waar het slecht mee gaat moet juist meer gaan 'spelen' om de creativiteit van de mensen opnieuw open te laten bloeien. En juist dán is het belangrijk om de 'recreatietijden' serieus te nemen. 'Ontkramping' en spel versterken *commitment* en motivatie, en stimuleren de openheid voor het vernieuwende en verfrissende.

Voor degene met extra verantwoordelijkheid is het van belang om als het ware momenten van '*monachus*-zijn' in het dagritme in te bouwen: perioden waarin de deur van je kamer gesloten blijft. En niet alleen om geconcentreerd en ongestoord te kunnen werken, maar ook voor momenten van stilte en op enigerlei wijze spiritueel bijtanken. Stilte is nodig om in contact te komen met de Geest, of meer seculier: om onderhoud te plegen aan een goede mentaliteit en gesteldheid van je ziel. Het is niet goed om voortdurend te worden afgetapt; voor het verantwoordelijk beschikbaar zijn is regelmatig 'alleen' zijn een voedende randvoorwaarde. Stilteperioden zijn oefeningen van het inwendige gehoororgaan; het oefenen van de innerlijke stilte is een voorwaarde voor luisteren en gastvrijheid. Het is niet voor niets dat juist stille en geconcentreerde mensen vaak zo duidelijk *aanwezig* zijn, waardoor ze vervolgens anderen kunnen stimuleren om ook maar eens wat stiller en geconcentreerder te gaan leven.

Ook deze kansen tot kwaliteitsverbetering laten we vaak het eerst schieten als we druk en belangrijk worden: stilte en ontspanning worden als vanzelf geschrapt, we worden lawaaiig en turbulent, we steken met onze onrust anderen aan. De benedictijnse houding is precies andersom. Wie extra verantwoordelijkheid krijgt, moet meer gaan luisteren. Zoals die medebroeder die prior werd en die daarop zijn dagelijkse meditatietijd *verdubbelde*.

Ook voor de rest van de dag leert Benedictus ons enkele bruikbare dingen. Het maakt wel degelijk uit hoe je je dag begint en hoe je je dag eindigt. Dat kan slordig en rafelig gebeuren, of rustig, waardig en ontspannen. Dat zal de dag en de nacht anders kleuren. Het is een kwestie van psychische hygiëne om de dag aandachtig en mooi te beginnen en aandachtig en mooi te sluiten, om in de ochtend de handen te openen voor het licht, en 's avonds vrede te hebben met waarin je faalde en met waarover je tevreden mag zijn. In elke context zijn wel kleine rituelen te bedenken om begin, midden en einde te markeren, om de tijd in cultuur te brengen en vrucht te laten dragen in het seizoen.

EPILOOG

Benedictijns leven: leven uit één stuk

In het voorafgaande is geprobeerd een aantal aspecten van benedictijns leven te vertalen naar andere contexten waarin mensen samenleven en samenwerken. In deze afsluitende paragraaf wil ik benadrukken dat ook de kleinste details van deze spiritualiteit met elkaar in een *eenheid* verbonden zijn. De drie kwaliteitsregels van *stabilitas, conversio* en *obedientia* vormen zo'n eenheid van met elkaar verbonden en elkaar veronderstellende houdingen. Het is uitgesloten om te komen tot duurzame verandering en kwaliteitsverbetering (*conversio*), alsmede om adequaat gehoor te geven aan wat er van je wordt gevraagd (*obedientia*) zonder een soms taai, dagelijks *commitment* (*stabilitas*). En dat laatste zou je niet volhouden als je niet van harte je jawoord had gegeven op de uitnodiging je leven te veranderen – ook al gebeurt dat met veel vallen en opstaan.

Deze verbondenheid van de kwaliteitsregels strekt zich vervolgens uit tot *alles*, en niet alleen tot het 'religieuze' dat we associëren met wat in de kapel plaatsvindt. In de benedictijnse houding *zijn* er geen niet-religieuze domeinen, *zijn* er geen niet-heilige en niet te heiligen plekken, *zijn* er geen niet-heilige en niet te heiligen tijden en activiteiten. *Alles* moet als heilig vaatwerk beschouwd worden, *alles* is een kans tot heiliging. Je gasstel in de keuken kan je altaar zijn, ook het aardappels schillen of de was opvouwen kan 'benedictijns' gebeuren of slordig en haastig – wat zonde is. Elke plek is een te heiligen plek, elk moment is een te heiligen moment. In zo'n houding zijn tuinonderhoud, de boekhouding en ook een verjaardagsfeest sacramentele situaties, kansen biedend voor *the sacrament of the present moment*. Elke plaats en elke situatie bieden je zo op een of andere manier wel kansen om een goede abt of kellenaar te zijn.

Benedictijns leven is letterlijk *een*voudig, in de zin van niet-ingewikkeld. Het is tegelijk zeer moeilijk en zeer gemakkelijk. De moeilijkheid heeft te maken met het volhouden van de aandacht en het *commitment*, met de *stabilitas*. Het gemakkelijke heeft te maken met het feit dat we er gewoon aan kunnen beginnen, *waar we ook zijn*, in kleine, nabije dingen, en wel elke dag opnieuw. Er zijn zoveel mogelijkheden voor transformatie dichtbij, voor kleine kwaliteitsimpulsen, voor het bijvoorbeeld met kleine stapjes verbeteren van het klimaat van je (werk) omgeving. En deze impulsjes, hoe klein ook, werken vaak veel verder door dan het nabije, omdat alles met elkaar verknoopt is. Precies dat kleine maar goede woord zeggen tegen je medewerker laat hem uren later ánders in een overlegsituatie staan of ánders in zijn gezin thuiskomen dan wanneer je dat goede woord achterwege had gelaten. Dag voor dag aan je persoonlijke integriteit werken, om zo te leren een leven 'aan een stuk' te leiden, dat heeft uitgestrekte sociale consequenties. En dagelijks je eigen, soms zo zwakke kooltje laten aanblazen door bronnen van kwaliteit kan je weer voldoende gloeikracht geven om voor anderen aanstekelijk te zijn.

Het appèl dat de benedictijnse levenshouding zo op ons doet 'is een regelrechte uitnodiging aan onze ziel om te ontwaken uit ons verdedigende cynisme, om voor een andere weg te kiezen, om op te houden met kletsen, om te luisteren' (David Steindl-Rast). *Ausculta*, zo staat het aan het begin van de *Regel*. Het is een vruchtbare houding voor *elk* begin.

NOTEN

1 Ik denk onder meer aan Columba Cary-Elwes o.s.b., *Work and Prayer: The Rule of St Benedict for Lay People,* with a new translation of the Rule by Catherine Wybourne o.s.b., Londen 1992; aan de indrukwekkende reeks van *Münsterschwarzacher Kleinschriften* (Vier-Türme-Verlag, Münsterschwarzach), met name de vele bijdragen daarin van Anselm Grün; Hein Stufkens, Gerard Mathijsen o.s.b., *Een innerlijk avontuur. Het Benedictijner kloosterleven van binnenuit belicht,* Baarn 1999.

2 Ik ontleen dit beeld aan Joan Chittister o.s.b. *Het vuur onder de as,* Averbode, 1998.

3 Een mooie persoonlijke kennismaking met benedictijns leven is te vinden in Kathleen Norris, *De kloostergang,* Baarn, 1996.

4 Deze twee series zijn ook in boekvorm uitgebracht: Michel van der Plas, *Abdijen in de lage landen, en de mensen die er wonen,* met foto's van Robin Lutz, Tielt/Baarn, 1989; Ton van Schaik, *Abdijen in West-Europa en hun bewoners,* met foto's van Robin Lutz, Tielt/Baarn, 1992. Om mezelf af en toe te herinneren aan wat monastiek leven inhoudt, hoef ik alleen maar enkele van de foto's van Robin Lutz op me te laten inwerken.

5 Dit hoofdstuk is behalve aan de bij de inleiding genoemde bronnen dank verschuldigd aan Esther de Waals *A Life-Giving Way: A Commentary on the Rule of St Benedict,* Londen 1995, en aan haar eerdere boeken God zoeken: de levensweg voor elke christen, Brugge, 1988, en *Living with Contradiction: Further Reflections on the Rule,* Londen 1988.

6 In dit boekje wordt de vertaling gebruikt van Frans Vromen o.s.b., *De regel van Sint-Benedictus,* Sint-Willibrordsabdij, Slangenburg, 1973. Vlak voordat dit boekje klaar was verscheen een nieuwe en fraaie vertaling van Vincent Hunink, *De regel van Sint-Benedictus,* Amsterdam 2000. De toegankelijkheid van deze nieuwe en soepele vertaling, uitgegeven door een grote literaire uitgeverij (Atheneum – Polak & Van Gennep) deed de verleiding opkomen deze en volgende fragmenten te vervangen. Aan deze verleiding is niet toegegeven; het regelmatig lezen (en horen voorlezen) van de vertaling van Frans Vromen en het 'herkauwen' daarvan is inmiddels te veel in eigen vlees en bloed omgezet. Degene die op een intense wijze kennismaakt met de vertaling van Hunink zal ongetwijfeld hetzelfde overkomen.

7 Marcus Aurelius, *Persoonlijke notities* (vertaald en bezorgd door Simone Mooij-Valk), Baarn 1994, p. 91.

8 Bernard Lonergan S.J., *Method in Theology*, Toronto 1996 (5de druk).

9 Deze mooie beschrijving dank ik aan Theo Zweerman en Jozef Wissink.

10 Zie bijvoorbeeld: Gerrit Komrij, *In Liefde Bloeyende*, Amsterdam, 1998.

11 Bij het schrijven van dit hoofdstuk is dankbaar gebruikgemaakt van de volgende achtergrondliteratuur:
- Anselm Grün, *Menschen führen – Leben wecken. Anregungen aus der Regel des heiligen Benedikts*, Münsterschwarzach, 1998;
- Norvene Vest, *Friend of the Soul. A Benedictine Spirituality of Work*, Cambridge (Mass.), 1997;
- Joseph J. Gerry o.s.b., 'Abbatical Leadership', in: *The American Benedictine Review* 43 (1992), p. 29-47;
- Terence Kardong o.s.b., 'The Abbot as Leader', in: *The American Benedictine Review* 42 (1991), p.53-72.

12 Deze paragraaf is grotendeels te danken aan: Anselm Grün, *Menschen führen – Leben wecken. Anregungen aus der Regel Benedikts*, Münsterschwarzach, 1998; een prachtige, vanuit de eigen ervaring als kellenaar (en abt) geschreven monografie over het desbetreffende hoofdstuk in de Regel van Benedictus.

13 Over de heilzame werking van de monastieke dagorde en de vertaling daarvan in het leven van alledag schreef mijn broer en medeoblaat Geert A.M. Derkse het artikel 'Benedictijns leven: Het nu anders beleven', in: *Verbum* 66 (1999) 7-8, p.144-150.

14 Deze term en de daarmee samenhangende ideeën ontleen ik aan het mooie boekje van David Steindl-Rast o.s.b.: *De muziek van de stilte. Een dag uit het kloosterleven*, Utrecht 1996.

15 De volgende uitleg dank ik aan een boekje van Norvene Vest: *Friend of the Soul: A Benedictine Spirituality of Work*, Boston 1997, p. 133-135.

VAN DEZELFDE AUTEUR

ISBN 978 90 209 6927 6
€ 14,99

ISBN 978 94 014 0209 5
€ 9,99